cahier de Français

6e

SOUS LA DIRECTION DE MARIE-HÉLÈNE DUMAÎTRE
ET DE DAVID GALAND

Cindy Duhamel
Certifiée de lettres modernes

Sandra Galand-Lecardonnel
Certifiée de lettres modernes

Julien Jaumonet
Certifié de lettres modernes

Valérie Monfort
Agrégée de lettres modernes

Adeline Leguy
Certifiée de lettres modernes

Capucine Pontoppidan
Certifiée de lettres modernes

Martine Rodde
Certifiée de lettres classiques

Nicolas Roussel
Agrégé de lettres modernes

Le Robert

Responsable éditoriale : Anne Andrault
Édition : Blandine Renard
Assistante d'édition : Séphora Markarian
Conception graphique de la couverture : Lauriane Tiberghien
Conception graphique de l'intérieur : Marie-Astrid Bailly-Maître
Mise en pages : Nadine Aymard
Illustrations : Joëlle Parreau, Sophie Martinet
Fabrication : Stéphanie Parlange

ISBN : 978-2-32101-539-0

SOMMAIRE

Former et orthographier les mots, enrichir son vocabulaire

Maîtriser le nom et le groupe nominal

Former une phrase

Maîtriser le verbe : conjugaison, emploi des temps

PROJETS D'ÉCRITURE

1. L'origine des mots

→ S'amuser à inventer des mots nouveaux

OBSERVER

On fait croire à Argan que l'on va faire de lui un médecin lors d'une cérémonie fantaisiste où des « médecins » s'expriment dans une langue artificielle qui mélange du latin (souvent fautif) et du français.

« Sçavantissimi doctores,
Medicinæ professores,
Qui hic assemblati estis ;
[...]
Salus, honor, et argentum,
Atque bonum appetitum. »

Molière, *Le Malade imaginaire*, III, 14, 1673.

1. Sans connaître le latin, vous semble-t-il possible de comprendre ce texte ?

....

2. Repérez quatre mots que vous arrivez à comprendre et donnez leur « traduction » en français.

1. .... : ....
2. .... : ....
3. .... : ....
4. .... : ....

APPRENDRE ET S'EXERCER

- Connaître l'origine des mots, leur étymologie, aide à les comprendre et à les orthographier correctement. L'essentiel des mots que nous utilisons vient du latin populaire.
Ex. : le mot latin *lupus* a donné *loup*. Le mot latin *honor* a donné *honneur*.
- On trouve également des mots issus du gaulois (*chêne*, *craindre*), des langues germaniques (*grippe*, *marcher*) ou du grec (*hélice*, *carotte*).

3. Cochez la bonne case.

	Vrai	Faux
1. Connaître l'étymologie des mots permet de faire moins de fautes d'orthographe.	☐	☐
2. L'essentiel des mots de la langue française vient du grec.	☐	☐

4. Observez ces éléments grecs. Trouvez des mots français construits avec chacun de ces éléments.

1. *ortho-* (droit) : ....
2. *biblio-* (livre) : ....
3. *bio-* (vie) : ....
4. *geo-* (terre) : ....
5. *graph-* (écrire) : ....
6. *hippo-* (cheval) : ....

BOÎTE À OUTILS

Au cours des siècles, la langue française s'est également enrichie grâce à des **emprunts** à des langues étrangères : l'anglais (*bol*, *jeans*), l'italien (*banque*), l'espagnol (*cigare*), l'arabe (*zéro*), etc.

5. Cherchez dans le dictionnaire la langue d'origine de chacun de ces mots.

pyjama • uppercut • tank • alcool • alligator • azur • maïs • élixir • balle • snob • botte • bistrot • canari • manège • chocolat

Anglais	Italien	Espagnol	Arabe	Autres (précisez)
-	-	-	-	- ....
-	-	-	-	- ....
-	-	-	-	- ....

6. Comme certains mots français, certains prénoms viennent du latin ou du grec. Retrouvez-les oralement, puis donnez un nom commun ou un adjectif qui a la même origine. Aidez-vous d'un dictionnaire.

Ex. : *Delphinus* a donné le prénom *Delphine* et le nom *dauphin*.

Origine grecque	Origine latine
agathos (aimable) :	*angelus* (l'ange) : ....
basileios (le roi) :	*clemens* (l'indulgence) : ....
katharos (pur) :	*florens* (en fleur) : ....
Kristos (le Christ) :	*lux* (la lumière) : ....
melanos (sombre, noir) :	*silva* (la forêt) : ....

7. Cherchez dans un dictionnaire l'étymologie des mots suivants. Qu'en déduisez-vous sur l'emploi de l'accent circonflexe ? Trouvez, pour chacun de ces mots, un mot de la même famille qui mettra en évidence cette règle.

→ 3 p. 11

- forêt → vient de : .... → mot de la même famille : ....
- hôpital → vient de : .... → mot de la même famille : ....
- goût → vient de : .... → mot de la même famille : ....
- croître → vient de : .... → mot de la même famille : ....

JOUONS AVEC LA LANGUE

8. En vous servant des éléments suivants, créez des mots. Vous pouvez associer deux éléments grecs ou latins ou ajouter un élément français. Utilisez les radicaux proposés dans l'exercice 4. Attention, vous devrez souvent modifier les lettres finales des éléments. Faites deviner le sens de vos inventions à vos camarades.

Ex. : « *Un gatophone ? – Quelqu'un qui parle le chat.* »

BOÎTE À OUTILS

La langue évolue : des mots nouveaux, des **néologismes**, apparaissent, construits à partir du grec, du latin classique ou de mots d'origine étrangère.

Verbes	Idées	Animaux	Autres noms
Aimer : *phileo* (-phil-)	Laideur : *kakon*	Chat : *gatos*	Fleur : *anthos*
Détester : *miseo* (mis-)	Beauté : *kalon*	Chien : *cynos*	École : *scholé*
Écrire : *grapho* (-graph-)	Justice : *diké*	Cheval : *hippos*	Jeune fille : *koré*
Parler : *phoneo* (-phone)	Sagesse : *sophia*	Poisson : *ichthys*	Jeune garçon : *kouros*

S'EXPRIMER • S'amuser à inventer des mots nouveaux

9. À votre tour, imaginez l'article de dictionnaire correspondant à chacun des néologismes suivants. Vous en donnerez l'étymologie, rédigerez la définition et trouverez une phrase d'exemple.

adulescent • tapuscrit

capillotracté • se défriender

PUSTULE [pystyl] **n. f.** – 1314 ◊ latin *pustula* ■ **1** Petite tumeur inflammatoire et purulente à la surface de la peau. ➤ **bouton.** *Les pustules de la variole.* — *Pustule maligne* : le charbon* humain. ■ **2** Chacune des petites vésicules ou saillies qui couvrent le dos du crapaud, les feuilles ou les tiges de certaines plantes.

Le Nouveau Petit Robert, sous la direction de Josette Rey-Debove et Alain Rey, 1996.

MINI-LIENS exercices interactifs : **minilienrobert.com/1F6001**

2. La formation des mots par dérivation

→ Créer des images poétiques

OBSERVER

> La fenêtre est ouverte et le jardin s'endort,
> Longuement, avec des bruits d'eau et des murmures
> D'invisibles oiseaux blottis dans les ramures
> Que le soir a tiédies de sa caresse d'or.
>
> Francis Carco, « Premiers vers », *La Bohême de mon cœur*, 1939.

1. **Quels autres mots appartenant à la même famille que les mots soulignés connaissez-vous ?**

Ex. : « s'endort » : *endormi, dormir, dormeur,* ....

....

– longuement : ....

– invisibles : ....

– tiédies : ....

2. **Quel élément du mot retrouve-t-on dans tous les mots que vous avez trouvés ? Entourez-le. Comment appelle-t-on cet élément du mot ?** ....

3. **Dans les mots soulignés du texte, comment appelle-t-on les éléments en rouge ?** .... **Ceux en bleu ?** .... **Ceux en vert ?** ....

APPRENDRE ET S'EXERCER

Le radical → C'est le cœur du mot, son élément stable. Il est en général le même pour tous les mots de la même famille. On peut y ajouter un ou plusieurs affixes.

Le préfixe → Affixe qui se place avant le radical, dont il modifie le sens.

Le suffixe → Affixe qui se place après le radical et permet de former un nouveau mot, parfois de classe grammaticale différente.

4. a. **Déterminez le radical de chacun des mots suivants en l'encadrant.**

b. **Surlignez en rouge le préfixe et en vert le suffixe. Attention, il n'y a pas toujours à la fois un préfixe et un suffixe !**

insoupçonnable • déhanchement • irrespectueux • indésirable • mécontent • parapluie • enchantement • corporel

5. **Ajoutez un suffixe à chaque nom d'animal afin de désigner son petit. Attention, il faudra parfois faire quelques modifications !**

• lion →	• lapin →	• aigle → ....
• chat →	• éléphant →	• chameau → ....
• ours →	• âne →	• chien → ....
• porc →	• renard →	• cygne → ....
• loup →	• baleine →	• girafe → ....
• souris →	• canard →	• zèbre → ....

6. Ajoutez un préfixe à chaque adjectif pour trouver son contraire (son antonyme).

- honnête → ....
- content → ....
- poli → ....
- probable → ....
- logique → ....
- connu → ....
- direct → ....
- agréable → ....
- normal → ....

JOUONS AVEC LA LANGUE

7. Par groupes de deux ou trois, fabriquez un jeu de cartes avec trois sortes de cartes : des cartes avec un radical, des cartes avec un suffixe, des cartes avec un préfixe.
Mélangez les cartes « Affixes » (« Suffixes » et « Préfixes ») et distribuez-en dix à chaque joueur. Les cartes « Radicaux » constituent la pioche.
Le premier joueur prend une carte dans la pioche et la pose sur la table. Il essaye de déposer un ou des affixes pour constituer le plus de mots possibles. Le deuxième joueur retourne à son tour une carte de la pioche et essaye de faire des mots avec des affixes. L'élève qui se trompe récupère les cartes « Affixes » déjà posées.
Celui qui dépose toutes ses cartes « Suffixes » et « Préfixes » a gagné.

• Cartes « Préfixes » :
a- ; dé- ; en- *ou* em- ; in- *ou* im- ; re- *ou* ré- ; sur-

• Cartes « Radicaux » :
chant ; mont ; natur(e) ; bord ; terr(e) ; neige ; lait ; saut ; ménage ; bois ; act(e) ; calcul

• Cartes « Suffixes » :
-tion ; -ment ; -able ; -eur ; -er ; -iste ; -el ; -ier ; -age ; -if

8. Soulignez l'intrus dans chacune de ces listes.

1. paillasse • fadasse • jaunasse • entasse

2. cartable • intraitable • incroyable • valable

3. chargement • ciment • heureusement • lentement

4. fillette • maisonnette • assiette • coquillette

9. En observant les mots formés par dérivation, essayez de déterminer la signification des préfixes utilisés.

automobile autoportrait autocollant	monocle monoski monoparental	précédent prédire prénom	télévision téléphone télépathie	submerger suburbain subordonnée	polythéiste polygone polysémique
auto- :	**mono-** :	**pré-** :	**télé-** :	**sub-** :	**poly-** : ....

10. Remplacez chaque suffixe afin de former des mots correspondant aux classes grammaticales indiquées. Attention, il faudra parfois supprimer un préfixe !

- graver → adjectif / nom .... / ....
- aggraver → adverbe / nom .... / ....
- défendre → adjectif / nom .... / ....
- manger → adjectif / nom .... / ....
- imprimer → adjectif / nom .... / ....
- adoucir → nom / adverbe .... / ....
- briller → adjectif / adverbe .... / ....

11. Séparez par des barres (/) les préfixes, les suffixes et les radicaux des mots soulignés.
Les mots soulignés ne contiennent pas tous à la fois un préfixe et un suffixe.

Ô lumineux matin

Ô lumineux matin, jeunesse des journées,
Matin d'or, bourdonnant et vif comme un frelon,
Qui piques chaudement la nature, étonnée
De te revoir après un temps de nuit si long. [...]
Belle heure, où tout mouillé d'avoir bu l'eau vivante,
Le frissonnant soleil que la mer a baigné
Éveille brusquement dans les branches mouvantes
Le piaillement joyeux des oiseaux matiniers...

Anna de Noailles, *Le Cœur innombrable*, 1901.

S'EXPRIMER • Créer des images poétiques

12. En vous inspirant du poème de Jacques Charpentreau, écrivez à votre tour un court poème en jouant sur les préfixes. Vous pouvez, par exemple, partir des verbes dérivés des verbes suivants et chercher tous les préfixes que vous pouvez leur adjoindre.

prendre • tendre • chanter • lier • voler • porter • ranger • venir

La mer s'est retirée...

La mer s'est retirée,
Qui la ramènera ?
La mer s'est démontée,
Qui la remontera ?
La mer s'est emportée,
Qui la rapportera ?
La mer est déchaînée,
Qui la rattachera ?
Un enfant qui joue sur la plage
Avec un collier de coquillages.

Jacques Charpentreau, *Poèmes pour les amis*, 1963.

MINI-LIENS exercices interactifs : minilienrobert.com/1F6002

3. Les familles de mots

→ Inventer une famille de créatures magiques

OBSERVER

1. Surlignez dans le texte trois mots qui se rapprochent du mot *sorcière*.

2. Soulignez dans ces mots la partie qui reste identique.

La sorcière Ursule évoque la naissance de sa fille, Verte…

« Pour ma part, je ne connais pas de sorcier vivant. […] Je ne crois pas que les hommes aient beaucoup à voir avec la sorcellerie. […] J'ai donc donné le jour à une fille. Son père […] avait décidé de l'appeler Rose. Peu importe ce qu'il a bredouillé à la mairie : du fond de mon lit j'avais ensorcelé l'employé de l'état civil. »

Marie Desplechin, *Verte*, 2012.

APPRENDRE ET S'EXERCER

• Une **famille de mots** regroupe les mots formés à partir du même **radical** auquel on ajoute un ou plusieurs **affixes (préfixes, suffixes)**. Parfois, quelques lettres peuvent changer.

ensorceler ← sorcier/sorcière → sortilège / sorcellerie

• Les mots d'une même famille ont un **rapport de sens**. Selon le suffixe employé, ils peuvent appartenir à des classes grammaticales différentes.

MONSTRE – nom

monstrueux – adjectif

monstruosité – nom

monstrueusement – adverbe

3. Entourez la bonne réponse.

1. Les mots de la même famille sont toujours des noms. **Vrai** **Faux**

2. *Crayon*, *gomme* et *stylo* sont des mots de la même famille car ils se rapportent à un même thème. **Vrai** **Faux**

4. Reliez par un trait les mots de la même famille. Que remarquez-vous ?

saut •	• morsure
mordre •	• stellaire
ciel •	• voyant
incantation •	• chandelier
candélabre •	• sursauter
invisible •	• enchantement
étoile •	• céleste

5. Pour chacun des mots suivants, proposez autant de mots de la même famille que possible.

1. feuille : ....

2. rêve : ....

3. nuit (le radical peut être *noct-*) : ....

4. neige : ....

5. épouvante : ....

6. Dans chaque liste de mots de la même famille, trouvez l'intrus et surlignez-le.

1. terreur – terrible – terrifiant – terrestre – terroriser
2. horrible – horriblement – horloge – horrifier – horrifique
3. effrayer – effriter – effroi – effrayant – frayeur
4. fou – foliole – affolement – folie – folâtre

JOUONS AVEC LA LANGUE

7. DEVINETTES Vous disposez d'une minute pour faire deviner à vos camarades un mot de la liste suivante sans jamais utiliser pour cela de mots de la même famille.

Ex. : pour faire deviner *invisible*, vous ne pouvez pas employer le verbe *voir*.

plante – sculpter – magicien – poissonnier – couchette – coloriage – montagnard – tartelette – violoniste – malchanceux

S'EXPRIMER • Inventer une famille de créatures magiques

8. Créez un jeu des 7 familles des monstres. Chaque famille comprendra six membres, auxquels vous donnerez un nom en ajoutant des affixes à un radical. Vous rédigerez quelques mots de présentation et illustrerez vos cartes par un portrait de chaque membre de la famille. N'hésitez pas à jouer sur les mots.
Vous pouvez créer, par exemple, les familles Ogre, Cyclope, Dragon, Vampire, Sirène, Licorne, etc.

Exemples de noms des membres de la famille Sorcière :
Sorcelable Sorcier prétentieux, qui se croit capable de tout.
Sorcelasse Sorcière aux ongles noirs et aux dents pourries.
Sorcelet Petit sorcier gentil, mais qui mange comme un cochon.
Sorcelune Sorcière rêveuse.
Sorçot Petit sorcier inculte.
Sorçage Petite sorcière cultivée.

MINI-LIENS
activités complémentaires : minilienrobert.com/1F6063
exercices interactifs : minilienrobert.com/1F6003

4. *Les accents*

→ Exprimer son désaccord face au plus fort

OBSERVER

1. Lisez à haute voix la deuxième phrase. Que manque-t-il pour pouvoir la lire ?

....

2. Ajoutez dans le texte les accents (aigus ou graves) qui manquent sur les lettres *e* ou *a*.

> Depuis quelque temps, les accents grognaient. Ils se sentaient mal aimes, dedaignes, meprises. A l'ecole, les enfants ne les utilisaient plus. […] Je sentais bien monter leur colere. Je ne croyais pas qu'ils preparaient quelque chose.
>
> Erik Orsenna, *La Révolte des accents*, 2007.

APPRENDRE ET S'EXERCER

- **L'accent aigu** se place sur le ***e*** qui se prononce alors /e/ (é = fermé) : *un bébé*.
- **L'accent grave** se place sur le ***e*** pour se prononcer /ɛ/ (è = ouvert) dans une syllabe terminée par une voyelle écrite (pas forcément prononcée) à l'intérieur d'un mot : *les lèvres, la mère*.
Il apparaît aussi devant un *s* final (*après, procès*) ou pour distinguer des homophones (*des/dès, a/à, ou/où*).

- Quand le ***e*** est suivi de deux consonnes identiques, il ne prend jamais d'accent et il est toujours prononcé /ɛ/ : *une erreur, une pelle.*
Il n'y a jamais d'accent non plus sur un ***e*** suivi de la lettre ***x*** : *un excès.*
- **L'accent circonflexe**
Quand il est placé sur la lettre ***e***, celle-ci se prononce /ɛ/ : *la tête.*
Il marque souvent la trace d'un *s* disparu du mot, mais qui peut encore être présent dans les mots de la même famille : *une forêt / forestier* ; *un hôpital / hospitalier.*
- **Le tréma** indique qu'il faut prononcer les deux voyelles : *héroïne, Noël, ambiguïté.*
Lorsqu'il se trouve sur un ***e*** qui suit un ***u***, il indique que le *u* se prononce.
Ex. : *exiguë* (qui peut s'écrire : *exigüe* depuis 1990) se prononce /ɛkzigy/ et non /ɛkzigə/.

3. Complétez le tableau de conjugaison suivant en ajoutant la lettre manquante avec un accent ou non.

Appeler	Geler	Se lever	Connaître
J'app…lle	Je g…le	Je me l…ve	Je conna…s
Tu app…lles	Tu g…les	Tu te l…ves	Tu conna…s
Elle app…lle	Il g…le	Elle se l…ve	Il conna…t
Nous app…lons	Nous g…lons	Nous nous l…vons	Nous conna…ssons
Vous app…lez	Vous g…lez	Vous vous l…vez	Vous conna…ssez
Ils app…llent	Elles g…lent	Ils se l…vent	Elles conna…ssent

4. Ajoutez les accents qui ont disparu.

Les accents se revolterent parce qu'ils avaient ete oublies. Pour etre plus rapides sur leur telephone, les gens ne les ecrivaient plus. Cet evenement donna a reflechir. Meme en ecoutant ce qui etait ecrit, on ne comprenait plus tous les mots. Les accents observerent la situation en riant, puis ils negocierent avec le ministere de l'Education. Ils reviendraient a condition que desormais les accents manquants dans les dictees enlevent des points aux eleves.

5. Ajoutez un accent ou un tréma si nécessaire sur chaque lettre en rouge.

1. Il possede une jolie maison.
Nous possedons une jolie maison.

2. Je hais les personnes égoistes.
Je l'ai hai toute mon enfance.

3. Il est fier de ses resultats.
Elle est fiere de ses resultats.

4. Le chien tend la patte.
Je lui ai préparé une assiette de pates.

5. Je prefere ecouter de la musique.
Elle preferait regarder la television.

6. Cet auteur a cree un univers feerique.
Ce peintre cree des œuvres celebres.
Ces œuvres creees en 1920 sont celebrees comme des nouveautes.

BOÎTE À OUTILS

Un accent sur ***a***, ***o*** ou ***u*** peut servir à distinguer les homonymes.

Ex. : *Elle a fait un pari. / Elle est à Paris.*
Il a dû partir. / Il a du travail.
Le maçon a pris des cotes pour la maison. / J'ai gravi une côte à vélo.

6. Trouvez des mots de la même famille que les mots donnés, dans lesquels la lettre *s* est encore présente. Aidez-vous d'un dictionnaire si besoin.

hôpital	vêtement	croûte	connaître	huître
....	....	....	....	....
....	....	....	....	....
....	....	....	....	....

JOUONS AVEC LA LANGUE

7. a. Cherchez la différence entre :
- *pécher* et *pêcher* ;
- *une tache* et *une tâche* ;
- *mur* et *mûr*.

b. Inventez des phrases mettant en valeur le sens de ces mots.

MINI-LIENS exercices interactifs : minilienrobert.com/1F6004

5. Les règles de position

→ Créer une ruse pour résister au plus fort

OBSERVER

1. Surlignez de deux couleurs différentes les lettres qui forment le son /ʒ/ (comme dans *jouer*) et le son /g/ (comme dans *gagner*).

2. Dans les trois mots soulignés, quelle lettre suit le son /ɑ̃/ (comme dans *dent*) ? ....

Le garçon préparait sa vengeance contre l'ogre géant. Il savait que son ennemi mangeait des champignons tous les soirs et décida de mêler quelques giroles empoisonnées au plat. Sa préparation embaumait l'air et attira le grand gourmand.

APPRENDRE ET S'EXERCER

- La lettre **n** devant **b**, **m** ou **p** devient **m** : *emballage, immature, empester.* Sauf dans *bonbon, bonbonnière, bonbonne, embonpoint, néanmoins.*

- Pour écrire le son /ʒ/ avec la lettre **g** :
  - le **g** suffit devant **e**, **i** et **y** : *rangement, angine, gymnastique* ;
  - le **g** est suivi d'un **e** devant **a**, **o** et **u** : *mangeable, nous dérangeons, nuageux.*

- Pour écrire le son /g/ avec la lettre **g** :
  - le **g** suffit devant **a**, **o** et **u** : *gaminerie, gorille, virgule* ;
  - le **g** est suivi d'un **u** devant **e**, **i** et **y** : *intrigue, guirlande, Guy.*

3. Cochez la bonne case.

	Vrai	Faux
1. La lettre *g* devant un *e* se prononce toujours /ʒ/.	☐	☐
2. La lettre *n* devant un *d* devient *m*.	☐	☐

4. Complétez avec *g*, *ge* ou *gu*.

L'animal se tenait devant moi, ...i......antesque. Je son......ais à ima......iner un piè......e pour me proté......er. Son cou était plus long que celui d'une ......irafe, mais je le ju......ais aussi a......ile qu'un ......orille. Je ......agnais le riva......e allè......rement et récoltais des al......es. Ma ruse me ......idait. Je pariais que leur odeur forte dissimulerait la mienne et me ......arantirait de ses coups de ......eule et des ......ifles qu'il pouvait m'infli......er.

5. Dictée préparée

Dans le grenier sombre où nous rangeons les magazines, j'ai trouvé un coffre contenant de simples guirlandes, des gadgets, un bougeoir en plomb, une trompette au son aigu, une amphore fragile et une ancre usagée. Je m'en servirais pour faire une blague à un ami qui s'est joué de moi l'autre jour.

1. Soulignez les mots comportant le son /ʒ/ ou le son /g/.
2. Surlignez les mots comportant un *m* devant *b*, *m* ou *p*.
3. Apprenez ce texte par cœur et dictez-le à vous-même.

BOÎTE À OUTILS

Les verbes dont l'infinitif se termine par ***-guer*** conservent le ***u*** dans toute leur conjugaison.
Ex. : *naviguer → je navigue, nous naviguons, naviguant.*
Mais les **adjectifs et les noms de la même famille** suivent les règles de position habituelles.
Ex. : *le personnel navigant, l'art de la navigation.*

6. Ajoutez la lettre manquante, *m* ou *n*.

L'a......bassadeur se méfiait. Il lui se......blait que les relations internationales allaient se ro......pre. Il craignait d'être e......prisonné si les manifestations co......tinuaient et si le pouvoir to......bait aux mains des opposa......ts. Dans l'o......bre, il maniga......çait pour convai......cre son pays de co......clure un accord.

7. Soulignez les mots en gras s'ils sont des verbes au participe présent et surlignez-les si ce sont des noms ou des adjectifs. L'orthographe doit vous permettre de le savoir.

1. a. Ce sont des enfants **fatigants**.
b. Les vagues, **fatiguant** sans cesse les jeunes saumons, les obligeaient à onduler avec force pour remonter jusqu'à l'embouchure du fleuve.

2. a. Ce jeune homme, **intriguant** pour devenir ministre, parviendra un jour à satisfaire son ambition.
b. Ces courtisans ne sont tous que des **intrigants** méprisables.

3. a. Elle est vraiment **extravagante** dans son comportement.
b. Extravaguant ainsi, elles passaient souvent pour folles !

8. Donnez un ou des noms de la même famille que chacun des verbes suivants. Aidez-vous d'un dictionnaire si nécessaire.

- divaguer → la ....
- cataloguer → un ....
- promulguer → la ....
- conjuguer → la ....
- blaguer → une ....
- alléguer → une ....
- élaguer → un ....
- droguer → une ....

S'EXPRIMER • Créer une ruse pour résister au plus fort

9. Enfermé dans le garde-manger de l'ogre géant, le garçon invente une ruse qui lui permettra de s'enfuir. Il a à sa disposition des plantes, des fruits et des légumes.
Racontez la ruse qu'il a mise au point en utilisant cinq des verbes suivants.

asperger • bouger • charger • déloger • envisager • juger • longer • obliger • partager • ronger

Votre récit commence ainsi : *Le garçon se mit à réfléchir. Il avait à sa disposition les réserves du garde-manger…*

MINI-LIENS
exercices interactifs :
minilienrobert.com/1F6005

6. Le son /s/ à l'oral et la liaison s = z

→ Rendre exceptionnel son quotidien

OBSERVER

1. Quelles lettres sont soulignées ? .... Quel son entend-on quand on les prononce pendant la lecture ? ....

2. Quelles lettres sont en caractères gras ? .... Quel son entend-on quand on les prononce pendant la lecture ? ....

Le lendemain, on ne pense plus au magazine de tennis parce qu'on a eu une mauvaise note au contrôle de maths, à cause des multiplications, et ça fait comme un grand nuage gris dans la tête. On descend les escaliers jusqu'à la boîte aux lettres et, bien sûr, c'est ce jour-là que le magazine vous attend.

D'après Philippe Delerm, *C'est bien*, 1991.

APPRENDRE ET S'EXERCER

• Le son **/s/** peut s'écrire de différentes manières :
- **s** devant ou derrière une consonne ou en début ou en fin de mot : *escaliers, pense, sûr, tennis* ;
- **ss** entre deux voyelles : *jeunesse* ;
- **c** ou **sc** devant -e, -i ou -y : *parce que, descend* ;

- **ç** devant -a, -o, -u : *ça* ;
- **t** devant -ion : *multiplications* ;

- **t** dans -*tial(e)* et -*entiel* en fin de mot : *impartial, initiale, essentiel…* Sauf *révérenciel* et *circonstanciel* ;
- **x** à la fin de certains chiffres : *six, dix*.

• Le son **/z/** peut s'écrire de deux manières :
- **z** : *magazine* ;
- **s** entre deux voyelles : *mauvaise* (sauf exceptions liées à des préfixes : *parasol, asocial…*).

• Quand un mot se termine par un **s** et qu'il est suivi d'un mot commençant par une **voyelle**, on marque une **liaison** en /z/ : *les escaliers.*

3. Cochez la bonne case.

	Vrai	Faux
1. Le son /z/ s'écrit toujours z.	☐	☐
2. La lettre *c* doit toujours avoir une cédille pour se prononcer /s/.	☐	☐

4. À partir du mot au féminin, orthographiez correctement le mot au masculin.

Féminin	Masculin
• admise	• ....
• bourgeoise	• ....
• française	• ....
• grise	• ....
• japonaise	• ....

BOÎTE À OUTILS

La lettre **s** à la fin d'un mot ne s'entend presque jamais, sauf à la fin de certains mots d'origine étrangère (ex. : *tennis*) ou empruntés au latin (ex. : *un cumulus* = nuage).
Pour savoir s'il y a un **s** à la fin d'un mot, pensez au féminin de ce mot.
Ex. : *pris* → *prise* ; *anglais* → *anglaise*.

5. Surlignez l'intrus dans chaque liste de mots et indiquez ce qui fait de lui un intrus.

1. l'ambition • la définition • les initiales • le métier • la multiplication

L'intrus est ...., car ....

2. une fraise • une maison • un parasol • une phrase • un visa

L'intrus est ...., car ....

3. après • un bus • inclus • toujours • un vers

L'intrus est ...., car ....

LE MOT DU JOUR

Le mot ***abasourdi*** signifie « étourdi par un grand bruit ». Soyez attentifs à la prononciation : **s** entre deux voyelles se prononce /z/ : être abasourdi ne rend pas sourd !

6. *Le son [s] à l'oral et la liaison* s = z

6. a. Conjuguez le verbe *percer* au présent et à l'imparfait de l'indicatif.

Présent	**Imparfait**
Je	Je ....
Tu	Tu ....
Elle	Il ....
Nous	Nous ....
Vous	Vous ....
Ils	Elles ....

b. Qu'avez-vous remarqué ? ....

7. Ajoutez une cédille quand c'est nécessaire.

Quand il fait chaud, c'est bien de s'installer avec ses cahiers sur la balancoire et de se laisser bercer. On peut aussi prendre une boisson avec des glacons. Parfois, mon frère approche de facon menacante pour me lancer de l'eau. Nous commencons à rire et je renonce à apprendre mes lecons.

8. Complétez les mots suivants avec le son /s/.

1. un con......ert • une con......erve • Je le con......ois bien.

2. une addi......ion • une démi......ion • une suspi......ion

3. une pharma......ie • la diploma......ie • réu......ie • une ......ie à métaux

4. Est-ce que ......a va ? • le ......inéma • une ......ientifique • la ......ortie

5. la con......ience • la conven......ion • une dan......e • une lan......e • une ran......on

9. Complétez ce texte en écrivant correctement le son /s/.

Quand le ......iel est bleu, ...acha, ...écile et moi allons au bord de la rivière pour pêcher. ......acha prépare les hame......ons, pendant que ......écile cherche des vers ou des vermi......eaux pour servir d'appâts. ......'est chouette quand nous lan......ons nos lignes ensemble et que le fil ......iffle dans l'air. Nous ob......ervons les poi......ons qui tra......ent des ......ercles ......ous l'eau. À la fin de la journée, nous les lai......ons repartir et rama......ons nos affaires, heureux de ce moment de compli......ité.

S'EXPRIMER • Rendre exceptionnel son quotidien

10. Cherchez autour de vous des objets dont les noms comportent les sons /s/ et /z/, puis faites une liste de cinq mots.

....

Désignez un de ces objets comme étant le héros de votre histoire et faites-le vivre dans un texte qui utilise les quatre autres mots.

MINI-LIENS exercices interactifs : minilienrobert.com/1F6006

7. Le son /j/

→ Écrire un poème sur la nature

OBSERVER

1. Surlignez toutes les manières d'écrire le son /j/ (comme dans ***y**eux* ou dans *fi**ll**e*).

> Sur les sentiers éveillés
> Sur les routes déployées
> Sur les places qui débordent
> J'écris ton nom
>
> Paul Éluard, « Liberté » (extrait), *Poésie et Vérité*, 1942.

APPRENDRE ET S'EXERCER

- Le son /j/ peut s'écrire de différentes manières :
- – ***i*** entre une consonne et une voyelle : *panier, cahier* ;
- – ***il*** après une voyelle à la fin des noms masculins : *travail, réveil, écureuil* ;
- – ***ill*** entre deux voyelles. *caillou, groseille, feuille, il s'éveille* ;
- – ***y*** en début de mot ou entre deux voyelles : *yeux, voyelle*.

2. Surlignez les mots dans lesquels on entend le son /j/.

une quille • une ville • tranquille • un fils • un écureuil • mille • un œil • payer • un lys

3. Surlignez la phrase bien orthographiée.

1. a. Le castor travaille dans la rivière.
b. Le castor travail dans la rivière.

2. a. Le matin, je contemple le réveil de la nature.
b. Le matin, je contemple le réveille de la nature.

3. a. La mousse des arbres est un fauteuil confortable pour les lièvres.
b. La mousse des arbres est un fauteuille confortable pour les lièvres.

4. a. Le recueil de nos poésies a été bien accueilli.
b. Le receuil de nos poésies a été bien accueilli.
c. Le recueil de nos poésies a été bien acceuilli.

5. a. Les rayons du soleil éclairent la campagne.
b. Les raillons du soleil éclairent la campagne.

4. Écrivez correctement le son /j/ à la fin des verbes.

1. J'effeu....e une marguerite.

2. Nous nous asse...ons près des groseilliers.

3. Vous essa...ez de nettoyer ce chemin plein de détritus !

4. Nous pa...ons des taxes contre la pollution.

5. Cet arbre a fa...i mourir cet hiver.

5. Placez *il*, *le* ou *la* devant le mot selon qu'il s'agit d'une forme verbale ou d'un nom.

...... recueille / ...... recueil • ...... sommeil / ...... sommeille • ...... taille • ...... veille • ...... conseil / ...... conseille • ...... émerveille

6. Trouvez un mot de la même famille comportant le son /j/.

- une route → ....
- un envoi → ....
- sauter → ....
- un brin → ....
- une noix → ....
- une poire → ....

7. Prononcez à voix haute les mots suivants pour entendre la différence entre les sons, puis, à l'aide d'un dictionnaire si besoin, donnez-en un synonyme.

- railler : .... / rayer : ....
- s'égayer : .... / s'égailler : ....
- payer : .... / pailler : ....
- bâiller : .... / bayer : ....

8. Prononcez les mots suivants à voix haute. Expliquez quelle difficulté orthographique ils présentent en complétant la phrase qui suit.

un quincaillier — un groseillier — un joaillier

Ces trois mots ont une orthographe particulière parce qu'ils ....

9. Dictée préparée

> Le soleil qui se réveille m'émerveille. Les feuilles du noyer filtrent ses rayons et découvrent à mes yeux des lumières brillantes.

1. Soulignez les mots où vous entendez le son /j/ et mémorisez leur orthographe.
2. Apprenez le texte par cœur puis réécrivez-le en vous le dictant à vous-même.

S'EXPRIMER • Écrire un poème sur la nature

10. À la manière de Paul Éluard, écrivez une strophe de quatre vers comportant au moins trois sons /j/ orthographiés différemment.

Sur ....
Sur ....
Sur ....
J'écris ton nom ....

MINI-LIENS exercices interactifs : minilienrobert.com/1F6007

8. Quelques homophones lexicaux

→ Décrire un phénomène naturel

OBSERVER

– **Toi** qui t'en vas là-bas,
Par toutes les routes de la **terre**,
Homme tenace **et** solitaire,
Vers où vas-tu, toi qui t'en vas ?

Émile Verhaeren, « À la gloire du vent »,
La Multiple Splendeur, 1906.

1. Connaissez-vous d'autres manières d'orthographier le mot *vers* ? ....

2. Donnez des mots qui se prononcent de la même façon que les mots surlignés dans le texte, mais qui s'écrivent autrement. ....

....

APPRENDRE ET S'EXERCER

- Pour repérer et distinguer les homophones, il faut **connaître les plus courants par cœur**. Le **sens de la phrase** permet de choisir la bonne orthographe pour le mot.

LES HOMOPHONES
= se prononcent de la même manière
≠ ne veulent pas dire la même chose
≠ s'écrivent différemment

- **Quelques noms communs homophones :**

*Le **champ** de blé*
*Le **chant** de l'oiseau*

*Le **compte** en banque*
*Le **comte** et la comtesse*
*Le **conte** de fées*

*Le **cou** de la girafe*
*Le **coup** de pied*
*Le **coût** d'une maison*

*La **faim** avant de manger*
*La **fin** du film*

*Le **saut** en hauteur*
*Le **sceau** du roi*
*Le **seau** et la pelle*
*Le **sot** qui ne sait rien*

LE MOT DU JOUR

Le mot ***homophone*** vient du grec et signifie « qui sonne (*phone*) pareil (*homo*) ».

BOÎTE À OUTILS

Trouver un mot de la même famille peut aider à bien orthographier les homophones.
Le chant de l'oiseau. → L'oiseau chante.
Un beau champ de blé. → Un paysage champêtre.

3. Trouvez un mot de la même famille pour justifier l'orthographe des homophones.

1. Le **coût** d'une maison → .... / Le **coup** de pied → ....

2. La **fin** du film → .... / Une **faim** de loup → ....

3. Le **saut** en hauteur → .... / Le **sceau** du roi → ....

4. Entourez l'homophone qui convient.

1. L'agriculteur a moissonné son **chant / champ** dès le mois de juin.

2. Il écrit un nouveau **compte / conte / comte** dont le héros est un **compte / conte / comte**.

3. Le **cou / coup / coût** de cette maison est excessif : je me suis endettée jusqu'au **cou / coup / coût**.

4. J'ai **faim / fin**, mais je veux d'abord lire mon livre jusqu'à la **faim / fin**.

5. Il faut être **saut / sceau / seau / sot** pour oublier son **saut / sceau / seau / sot** sur la plage.

8. Quelques homophones lexicaux

- **Quelques homophones de classes grammaticales différentes :**

Homophones	Classes grammaticales	Exemples
un air	nom commun	*Un air pur.*
une aire	nom commun	*L'aire du triangle.*
une ère	nom commun	*50 ans avant notre ère.*
il erre	verbe	*Il erre dans la prairie.*
un cours	nom commun	*Un cours d'anglais.*
une cour	nom commun	*Une cour de récréation.*
je cours, il court	verbe	*Je cours partout.*
court	adjectif	*Un pantalon court.*
peu	adverbe	*J'ai peu de temps.*
je peux, il peut	verbe	*Je peux revenir.*
un verre	nom commun	*Un verre d'eau.*
un ver	nom commun	*Un ver de terre.*
un vers	nom commun	*Un vers poétique.*
vers	préposition	*Je pars vers Paris.*
vert	adjectif	*Les espaces verts.*
du vair	nom commun	*Une pantoufle de vair.*

BOÎTE À OUTILS

Reconnaître la classe grammaticale peut aider à orthographier un homophone.
Je peux venir. → *peux*, placé après un pronom personnel sujet, est un verbe, donc c'est le verbe *pouvoir* conjugué.

5. Entourez l'homophone qui convient.

1. Même s'il n'en a pas l'**air / aire / ère / erre**, il est très fort pour calculer l'**air / aire / ère / erre** des figures géométriques.

2. Cet élève, en retard, **cour / cours / court** dans la **cour / cours / court** de récréation pour aller en **cour / cours / court**.

3. Il est tombé **peu / peut / peux** de neige, mais l'enfant **peu / peut / peux** fabriquer un minuscule bonhomme de neige.

4. Les cristaux de neige sont comme du **vair / verre / vers / vert** filé avec un reflet bleu et **ver / verre / vers / vert**.

JOUONS AVEC LA LANGUE

6. En binôme, choisissez à tour de rôle un mot dans la liste. Trouvez-lui un homophone. Ensuite, écrivez une phrase contenant les deux mots. Le gagnant est celui qui a donné le plus de phrases dans le temps le plus court.

balle • bois • bon • canaux • cent • cerf • chaîne • eau • fois • or • pain • peau • poids • scène • signe • terre • trop

S'EXPRIMER • Décrire un phénomène naturel

7. Choisissez une série d'homophones pour écrire un court texte poétique sur la pluie.

MINI-LIENS
activités complémentaires : minilienrobert.com/1F6043
exercices interactifs : minilienrobert.com/1F6008

9. Les conjonctions de coordination et leurs homophones

→ Raconter des guerres extraordinaires

OBSERVER

1. Quelle est la classe grammaticale du mot en gras ? ....

2. Soulignez un autre mot qui se prononce de la même manière.

3. Quel mot est de la même classe grammaticale que le mot en gras ?

☐ *et* ☐ *pour*

Poussés par la faim et le froid, les ours descendent vers la plaine et se heurtent aux troupes aguerries du Grand-Duc, accourues pour les repousser. **Mais** l'intrépidité de l'ours Babbon met en fuite l'armée grand-ducale.

Dino Buzzati, *La Fameuse Invasion de la Sicile par les ours*, 1945, trad. H. Pasquier, 1968.

APPRENDRE ET S'EXERCER

BOÎTE À OUTILS

- La confusion entre ***donc*** et ***dont*** est rarement possible : on prononce aujourd'hui presque toujours le *c* final de *donc*.
- On peut remplacer ***ou*** par ***ou bien*** pour le distinguer de *où*.

- Il existe sept conjonctions de coordination : ***mais, ou, et, donc, or, ni, car***.
- Elles peuvent être confondues avec d'autres mots qui se prononcent de la même manière.

Conjonctions	*mais*	*ou*	*et*	*donc*	*or*	*ni*	*car*
Homophones	Formes du verbe *mettre* : *je* ***mets*** Déterminant possessif ***mes*** (= les miens)	Adverbe ou pronom relatif ***où***	Formes du verbe *être* : ***es*** / ***est***	Pronom relatif ***dont***	Préposition ***hors*** (= en dehors de, excepté)	Négation + adverbe *y* : ***n'y*** (toujours devant un verbe)	Noms ***car*** (= bus) et ***quart*** (= division en quatre)

→ 45 p. 116

4. Complétez le texte avec les mots suivants. Puis soulignez les conjonctions de coordination.

ni (× 2) • ou • mais • car • où • or • mets

« Vous le savez, mes braves, nos ennemis sont terribles ; .... il faudra bien les affronter avec courage ! Il faut vaincre .... périr ! Nous n'avons à craindre .... leurs cris .... leurs armes : ce qu'il faut craindre, c'est notre peur. Regardez-les, là-bas, ils s'avancent déjà vers cette plaine .... nous allons combattre ; .... nous sommes prêts, soyez-en convaincus ! Je .... toute ma confiance en vous. Ne redoutez pas la mort, ... c'est la gloire qui vous attend ! »

S'EXPRIMER • Raconter des guerres extraordinaires

5. Imaginez les exploits du guerrier Naoh durant la préhistoire. Écrivez la suite en cinq lignes, en employant quatre conjonctions de coordination différentes.

Il n'y a pas eu de guerrier comparable à Naoh parmi nos pères… et il n'y en aura point parmi nos enfants, ni les enfants de nos enfants !

J.-H. Rosny aîné, *La Guerre du feu*, 1911.

MINI-LIENS activités complémentaires : minilienrobert.com/1F6009 exercices interactifs : minilienrobert.com/1F6010

10. Les homophones ce et se

→ Décrire les reflets et les jeux de la lumière

OBSERVER

Le narrateur évoque le mystère du ciel, qui nous cache l'univers invisible.

Il y a sûrement quelqu'un de haut perché qui chemine. Comment savoir. Il faudrait […] s'habituer à **ce** crépitement de feuilles d'or dans les prunelles, **se** mettre au niveau de la lumière.

R. G. Cadou, « Les pas dans le ciel », *Monts et Merveilles, Nouvelles fraîches*, 1943-1944.

1. Devant quel type de mots se trouve le mot en violet ? ....
Quelle est la classe grammaticale du mot en violet ? ....

2. Remplacez le nom *crépitement* par *éclat* : que devient le mot en violet ?

....

3. Quelle transformation doit-on effectuer avec le mot en vert si l'on remplace *mettre* par *élever* ? ....

APPRENDRE ET S'EXERCER

Il ne faut pas confondre ***se*** et ***ce***.

• ***se*** = pronom personnel → devant des verbes dits « pronominaux » = *me*, *te*, *se*, etc.
Ex. : *Il **se** souvient des aurores boréales.*
se s'élide en ***s'*** devant un verbe commençant par une voyelle.
Ex. : *Il **s'**émerveille devant les aurores boréales.*

• ***ce*** = déterminant démonstratif
→ devant un nom masculin singulier commençant par une consonne : ***ce** miroir* ;
→ devant un nom masculin singulier commençant par une voyelle : ***cet** éblouissement* ;
→ devant un nom féminin ou pluriel : ***cette** lumière*, ***ces** feux d'artifice*, ***ces** couleurs*.

On peut remplacer ***ce*** par ***le***.
Ex. : ***ce** coucher de soleil* / ***le** coucher de soleil*.

• ***ce*** = pronom démonstratif → on peut le remplacer par *cela*.
Ex. : ***Ce** / **Cela** n'est pas une illusion d'optique.*
Ce s'élide en ***c'*** devant un verbe commençant par une voyelle : ***C'**est beau !*

4. Barrez l'intrus dans chaque affirmation.

1. Parmi les déterminants démonstratifs, on trouve : *ce, ces, ceux, cet, cette*.

2. Voici des exemples de verbes pronominaux : *se regarder, se comprendre, s'écrire, s'émouvoir, ce souvenir, s'éloigner.*

5. Complétez les phrases suivantes par *ce* ou *se* (*s'*) selon ce qui convient.

1. Les feuilles du saule ...... reflétaient dans l'eau.

2. La lumière ...... teinte en bleu dans ...... glacier immense.

3. ...... n'est pas la peine de ... mettre tout de suite à photographier ...... paysage, il vaut mieux le contempler d'abord !

4. Comment ne pas ...... trouver infiniment petit devant ...... ciel étoilé ?

MINI-LIENS
activités complémentaires : minilienrobert.com/1F6011
exercices interactifs : minilienrobert.com/1F6012

11. Couper les mots en fin de ligne

→ Écrire le début d'un récit d'aventures

OBSERVER

1. **À quoi reconnaissez-vous qu'un mot est coupé ?**

....

> Je profite de cette
> courte escale dans les
> eaux territoriales britan-
> niques pour vous faire
> parvenir, au tout début
> de cette exaltante aven-
> ture, les premières nou-
> velles de notre expé-
> dition.
>
> Albert Lemant, *Lettres des Isles Girafines*, 2003.

APPRENDRE ET S'EXERCER

• En fin de ligne, quand la place manque pour écrire un mot en entier, on peut le **couper**.
On ajoute alors un **trait d'union** à la fin de la première partie du mot en bout de ligne.

• Un mot se coupe **entre deux syllabes**. On le coupe :
- entre une voyelle et une consonne : ***nou- / velles*** ; ***expé- / dition*** ;
- entre deux consonnes : ***britan- / nique*** ; ***aven- / ture***.

• Un mot **ne se coupe jamais** :
- au milieu d'une syllabe : ***l'av- // enture*** ;
- après l'apostrophe : ***l'- // aventure*** ;
- entre deux lettres qui ne forment qu'un son : ***marc- // handise*** ; ***bate- // au*** ;
- quand il n'a qu'une syllabe : ***bl- // anc*** ;
- après la première lettre du mot : ***a- // venue***. En ce cas, on écrit tout sur la ligne suivante ;
- au milieu de la terminaison verbale : ***Ils voyage- // nt***.

2. **Marquez l'endroit où vous pourriez couper les mots suivants d'un trait vertical. Surlignez les mots que vous ne pouvez pas couper.**

montagne • vert • échapper • sensations • île • chercher

3. **Surlignez la bonne coupe.**

1. atmo- // sphère • atmos- // phère • atmosp- // hère

2. vi- // ctorieux • vic- // torieux • vict- // orieux

3. immanq- // uablement • immanqua- // blement • immanquab- // lement

4. dange- // reux • danger- // eux • dangere- // ux

4. **Recopiez le texte dans le cadre en coupant correctement les mots.**

> Nous sommes arriv-
> és dans un pays éto-
> nnant : la terre est r-
> ecouverte d'herbe
> jaune, violette et bl-
> eue. Les animaux,
> tous volants, parle-
> nt !

Nous sommes ....
....
....
....
....
....

MINI-LIENS
activités complémentaires : **minilienrobert.com/1F6013**
exercices interactifs : **minilienrobert.com/1F6014**

12. Le sens propre et le sens figuré

→ Jouer sur les mots

OBSERVER

> MARTINE. – J'ai quatre pauvres petits enfants sur les bras.
> SGANARELLE. – Mets-les à terre.
> Molière, *Le Médecin malgré lui*, I, 1, 1666.

1. Que veut dire Martine par « avoir des enfants sur les bras » ? ....

2. Que fait semblant d'avoir compris Sganarelle et que lui propose-t-il ? ....

3. Que pourrait-il lui répondre pour se moquer à nouveau d'elle si elle lui disait ensuite : « Nous sommes dans une impasse ! » ?

APPRENDRE ET S'EXERCER

• Certains mots ont, en plus de leur **sens propre**, c'est-à-dire premier, un autre sens plus imagé : on parle de **sens figuré**.
Ex. : *Il a gagné plein de billes à la récré. Mon frère est une bille en physique.*
Ex. : *Il me critique dans ma propre maison. J'aime que ma maison soit propre.*
Pour ne pas vous tromper de sens, vous devez lire les mots et les phrases qui précèdent ou suivent le mot qui pose problème. C'est ce qui s'appelle le **contexte**, ce qui entoure ce mot.
Pour découvrir les différents sens d'un mot, un autre réflexe : le dictionnaire ! Les différents sens y sont présentés distinctement les uns des autres, le sens propre en premier.

4. Pour chaque mot en gras, précisez s'il s'agit du sens propre ou figuré.

1. Il place l'étoile au **faîte** du sapin. → ....
2. Il est arrivé au **faîte** de la gloire grâce à ce film. → ....
3. J'ai mal à la **gorge** depuis trois jours. → ....
4. Il descend les rivières en canoë dans les **gorges** du Verdon en Provence. → ....
5. Ne t'inquiète pas, je vais te réparer cela en un **claquement de doigts**. → ....
6. Il se permet d'appeler le serveur avec un **claquement de doigts**. → ....

5. À partir des mots suivants, composez des phrases qui contiendront deux fois le même mot : une fois au sens propre, une fois au sens figuré.
Ex. : *Sa **propre** chambre n'est pas très **propre**.*

1. bouchon → ....
2. chaleur → ....
3. chantier → ....
4. festival → ....
5. cœur → ....
6. trésor → ....

6. Complétez les phrases suivantes pour lever les ambiguïtés selon le sens indiqué entre parenthèses.

1. Il est au bord du gouffre (propre) ....

2. Il est au bord du gouffre (figuré) ....

3. Il a fait des étincelles (propre) ....

4. Il a fait des étincelles (figuré) ....

5. C'est une sérieuse entorse (figuré) ....

6. C'est une sérieuse entorse (propre) ....

7. Complétez les phrases suivantes pour que les mots reprennent leur sens propre.

Ex. : *Il a mis tous ses œufs dans le même panier, il risque de faire une omelette avant de rentrer.*

1. Il dépasse les bornes ....

2. Tu me casses les pieds ....

3. Il n'y va pas avec le dos de la cuiller ....

4. Elle ne l'entend pas de cette oreille ....

5. Il en a le plein le dos ....

6. Je vais lui faire sa fête ....

JOUONS AVEC LA LANGUE

8. Avec votre voisin ou votre voisine, préparez une boîte à mots avec les mots proposés. À tour de rôle, piochez dans la boîte à mots. Après une éventuelle vérification dans le dictionnaire, inventez ensemble deux phrases, l'une dans laquelle le mot aura son sens propre, dans l'autre son sens figuré. Proposez ces phrases à un autre binôme qui devra répondre « sens propre » ou « sens figuré » à la lecture de vos phrases.

Dans la boîte : propre • chaleur • chute • cravacher • donner un tour de vis • s'acclimater • perdre / ne pas perdre le nord casser des briques • avoir fait le tour

S'EXPRIMER • Jouer sur les mots

9. Un restaurant a besoin de vous pour élaborer une publicité. Inventez un slogan publicitaire jouant sur le sens propre et le sens figuré d'une des expressions ci-dessous et imaginez éventuellement une illustration (dessin ou collage).

se mettre à table • mettre les pieds dans le plat • arriver comme un cheveu sur la soupe • servir la soupe

Ex. : *Se mettre les pieds sous la table.*

MINI-LIENS exercices interactifs : **minilienrobert.com/1F6015**

13. Les synonymes et les antonymes

→ Démêler le vrai du faux

OBSERVER

Elle a sauté de joie, la figure baignée de larmes, et nous a fichu une bonne claque à tous les deux, puis elle nous a serrés contre elle, couverts de baisers, et hop, encore une bonne claque ; elle avait l'air de ne pas pouvoir s'arrêter de nous embrasser, tellement elle était contente de nous voir.

Mark Twain, *Tom Sawyer détective*, 1897.

1. Surlignez et soulignez les mots ou groupes de mots qui s'opposent dans ce texte.

2. Qu'y a-t-il de surprenant dans l'attitude de cette femme ?

....

3. Encadrez dans le texte deux expressions ayant le même sens que *embrasser*.

APPRENDRE ET S'EXERCER

• Les synonymes sont des mots de **sens identique** ou très proche et qui appartiennent à la **même classe grammaticale**. Utiliser des synonymes permet, entre autres choses, d'éviter les répétitions.
Ex. : les noms communs ***habit*** et ***vêtement*** sont synonymes, les verbes ***s'habiller*** et ***se vêtir*** sont synonymes.

• Un antonyme **s'oppose** à un autre mot de la **même classe grammaticale**. Les antonymes sont donc des **contraires**.
Ex. : le verbe ***grossir*** est l'antonyme de ***maigrir***, ***gros*** est celui de ***maigre***.

Synonymes
Mot 1 → Mot 2
=
Même sens, même classe grammaticale

Antonymes
Mot 1 ↔ Mot 2
≠
Sens opposé, même classe grammaticale

4. Proposez un synonyme pour chaque mot en gras.

1. Buck est **extrêmement** (..........................) **malin** (..........................).

2. Il peut **toujours** (..........................) **s'appuyer** (..........................) sur son ami Huck.

3. Avec eux, il y a toujours des **surprises** (..........................) !

4. Parfois un peu **froussards** (..........................), ils réussissent à **dépasser** (..........................) leurs peurs.

BOÎTE À OUTILS

Homonyme, synonyme, antonyme, paronyme, pseudonyme, patronyme...
Le radical *onyme* vient du mot grec *onoma* qui signifie « le nom ».

5. Reliez les antonymes entre eux. Attention aux classes grammaticales !

a. petit • **b.** rapetisser • **c.** coupable • **d.** lâche • **e.** malin • **f.** fourbe • **g.** avouer

• **1.** grandir • **2.** grand • **3.** mentir • **4.** stupide • **5.** loyal • **6.** innocent • **7.** courageux

BOÎTE À OUTILS

Il est rare que deux mots aient exactement le même sens. Ils appartiennent parfois à des niveaux de langue différents, plus soutenus ou plus familiers.

Ex. : *gifle, claque, torgnole.* → 14 p. 30

6. Dans les phrases suivantes, remplacez les mots en gras par un antonyme.

1. Tom et Huck sont des garçons **inintéressants** (..........................).

2. Les événements auxquels ils ont assisté sont **habituels** (..........................).

3. L'oncle Silas est un homme **hargneux** (..........................).

4. Malheureusement (..........................), c'est **l'injustice** (..........................) qui va triompher.

7. Relevez les synonymes et les antonymes dans le discours du juge remerciant Tom Sawyer. Certains mots peuvent apparaître dans les deux catégories.

Ex. : *honnête* et *juste* sont synonymes et s'opposent à *malhonnête*.

« Tu as gagné notre estime pour avoir permis à une famille innocente et maltraitée de sortir de la ruine et la honte, et sauvé un homme honorable et bon de la mort réservée aux criminels, et livré à la justice, pour qu'ils soient châtiés et punis, un scélérat épouvantable et cruel, et ses misérables complices. »

- **Synonymes :** ....

....

- **Antonymes :** ....

....

8. Décrivez avec précision ces deux hommes : leurs vêtements, leur visage, leur expression. Vous les opposerez en utilisant au moins cinq antonymes dans votre texte.

JOUONS AVEC LA LANGUE

9. Tom Sawyer et son ami Huck s'emmêlent parfois les pinceaux avec les mots et les expressions. Retrouvez avec votre voisin ou votre voisine les expressions connues. Puis trouvez d'autres expressions connues et amusez-vous à les déformer !

- Vendre la chair de l'ours avant de l'avoir assassiné. → ....
- Il faut faire attention à l'eau qui somnole. → ....
- Verser des pleurs d'alligator. → ....
- Silencieux comme un poisson. → ....
- Posséder plus d'une stratégie dans sa besace. → ....

S'EXPRIMER • Démêler le vrai du faux

10. Vous avez gagné un voyage au choix : l'hiver au Canada ou l'été en Égypte. Comparez ces deux destinations en quelques lignes en utilisant synonymes et antonymes et justifiez votre préférence.

MINI-LIENS exercices interactifs : **minilienrobert.com/1F6016**

14. Le niveau de langue

→ Identifier et utiliser les niveaux de langue

OBSERVER

1. Quels personnages dialoguent dans l'extrait ? ....

2. Soulignez une question formulée de façon familière et un mot relevant du langage familier.

3. Cette façon de parler serait-elle adaptée dans toutes les situations ? ....

Tom est puni. Un camarade arrive...
– Eh... Je vais me baigner. T'as pas envie de venir ? Évidemment, tu aimes mieux travailler. – Que veux-tu dire par travailler ? – Mais je parle de ce que tu fais en ce moment. – Oui, fit Tom en se remettant à badigeonner, on peut appeler ça du travail si l'on veut. En tout cas, je sais que ce truc-là me va tout à fait.

Mark Twain, *Les Aventures de Tom Sawyer*, 1876.

APPRENDRE ET S'EXERCER

• On utilise **différents niveaux de langue** pour dire parfois la même chose : avec les amis, on utilise un langage **familier** ; avec ses parents ou ses professeurs, on utilise un langage **courant**. Pour montrer du respect envers une personne, ou à l'écrit, on utilise un langage **soutenu**. La façon de s'exprimer varie donc selon le contexte.

• Le niveau de langue se distingue :
- dans le **vocabulaire** : *ce truc* → langage familier / *cette occupation* → langage courant ;
- dans la **construction** des phrases : *T'as pas envie de venir ? / N'as-tu pas envie de venir ?* Dans un niveau de langue **familier**, on ne respecte pas toutes les règles de construction.

4. Notez les numéros des deux synonymes de chaque mot en vert et précisez entre parenthèses le niveau de langue de chaque mot.

bouffe (..............................)	**1.** nourriture (..........................)	**5.** voler (..............................)
baraque (..........................)	**2.** se dépêcher (.......................)	**6.** se hâter (............................)
chiper (..............................)	**3.** mets (..............................)	**7.** maison (............................)
se magner (......................)	**4.** demeure (...........................)	**8.** dérober (............................)

5. Indiquez si le mot en gras est familier ou soutenu. Puis remplacez-le par un synonyme du niveau demandé.

1. Il n'a rien **pigé** ! → langage : .... ; synonyme courant : ....

2. Ce cours d'EPS était **harassant**. → langage : .... ; synonyme courant : ....

3. J'**abhorre** ce comportement. → langage : .... ; synonyme courant : ....

4. J'en ai assez de vos **dissensions**. → langage : .... ; synonyme familier : ....

6. Soulignez, dans ces répliques adressées par Tom Sawyer à sa tante Polly, les constructions familières, puis réécrivez-les pour passer à un niveau de langue courant.

1. Pas possible, ça doit être une blague ! L'oncle Silas ne dit jamais un mot plus haut que l'autre.

....

....

2. C'est la chose la plus incroyable que j'aie jamais entendue. Y a pas plus doux que lui.

....

• Le **dictionnaire** nous **renseigne sur le niveau de langue** d'un mot ou d'une expression. Le niveau courant correspond à l'usage normal du mot, mais dès qu'un mot ou l'un de ses sens s'écarte de l'usage courant, on trouve les indications :
- **littéraire** *(littér.)*, qui correspond au niveau soutenu ;
- **familier** *(fam.)* ou **populaire** *(pop.)*, qui correspondent au niveau familier ;
- **vieilli**, qui indique que le mot n'est plus beaucoup employé, qu'il soit littéraire ou familier ;
- **très familier, trivial, argotique** *(arg.)*, **injurieux** *(inj.)*, qui signalent une expression vulgaire.

Ne confondez pas la vulgarité avec le niveau familier. La vulgarité n'est jamais acceptable !

7. Voici des expressions de même sens mais de niveau différent. Complétez le tableau.

tomber • se casser la figure • choir • se casser la gueule

Courant :	Soutenu :	Familier :	Très familier :
....	....	....	....

8. Dans ces listes de synonymes, les verbes courants sont soulignés. Pour les autres, ajoutez une indication de niveau précise en relisant la leçon. Vérifiez ensuite dans un dictionnaire.

1. barber (......................) • embêter (......................) • emmerder (......................) • ennuyer • importuner (......................) • lasser • raser (......................) • enquiquiner (......................)

2. engueuler (......................) • enguirlander (......................) • gourmander (......................) • gronder • quereller (......................) • réprimander • tancer (......................)

9. Transposez ces répliques familières dans un langage soutenu.

Ex. : *Passe-moi d'l'eau !* → *Aurais-tu l'obligeance, cher ami, de m'offrir un peu de ce breuvage ?*

- Pousse-toi d'là ! → ....
- T'es casse-pieds tu sais. → ....
- On sera toujours les meilleurs potes du monde, tu sais.

→ ....

BOÎTE À OUTILS

On peut aussi utiliser un langage soutenu pour plaisanter car celui-ci est inhabituel dans la vie quotidienne.

S'EXPRIMER • Identifier et utiliser les niveaux de langue

10. Le 20 juin 1791, Louis XVI s'est déguisé en valet pour s'enfuir incognito de Paris avec sa famille. Ils font halte dans une auberge. Imaginez le dialogue entre le roi et un vrai domestique qui trouve bien étrange la manière de parler de ce drôle de valet. Utilisez les niveaux de langue familier et soutenu dans cet échange de quelques répliques.

MINI-LIENS
activités complémentaires : minilienrobert.com/1F6017
exercices interactifs : minilienrobert.com/1F6018

15. *Le vocabulaire du monstre*

→ Décrire une créature monstrueuse

OBSERVER

> Il ressemblait à un humain […]. Son nez était allongé comme un museau de loup ; ses mains, griffues ; ses bras, longs, pareils aux pattes puissantes de l'ours. Ses jambes frêles lui donnaient le port de la biche, ses yeux vifs tenaient de ceux de la musaraigne et sa chevelure rousse et drue faisait penser à la toison d'un renard.
>
> Jacques Cassabois, « Prodige, l'enfant-fromage », *Khodumodumo et autres contes de monstres*, 2017.

1. Proposez trois adjectifs pour qualifier l'enfant décrit dans ce texte :

a. ………………………………………………

b. ………………………………………………

c. ………………………………………………

2. Connaissez-vous d'autres êtres hybrides, dans lesquels se mêlent les caractéristiques de plusieurs animaux ou d'un être humain et d'un ou plusieurs animaux ?

………………………………………………………………………………………………

………………………………………………………………………………………………

APPRENDRE ET S'EXERCER

• Le nom *monstre* vient du latin *monstrum*, dérivé du verbe latin *monere*, « avertir », qui a aussi donné naissance au verbe *monstrare*, « montrer ». En latin, le mot *monstrum* a deux sens :
- *anomalie de la nature* que l'on montre du doigt ;
- *prodige*, c'est-à-dire avertissement qu'un dieu adresse aux hommes en créant une créature extraordinaire.

Les sens actuels du mot *monstre*	
Créature imaginaire	**Personne ou animal**
Créature mythique et légendaire, souvent terrifiante, mêlant des éléments empruntés à des êtres différents. Ex. : *Méduse, dragon.*	– Au sens physique, individu dont le corps présente des anomalies. – Au sens moral, individu que ses défauts et ses actes placent en dehors de l'humanité : cruauté, violence… Ex. : *Barbe-Bleue est un monstre à la fois pour sa barbe bleue et pour sa cruauté.*

3. Monstre et compagnie → 13 p. 28

a. Proposez un ou plusieurs mots de la même famille pour les mots suivants.

Ex. : école → *écolier, scolaire, scolarité, scolariser*

monstre → ………………………………………………

prodige → ………………………………………………

terreur → ………………………………………………

b. Proposez des synonymes pour les adjectifs suivants.

immense → ………………………………………………

laid → ………………………………………………

cruel → ………………………………………………

c. **Trouvez un ou des antonymes pour chaque adjectif.**

beau → ....

doux → ....

banal→ ....

attirant → ....

miséricordieux → ....

4. Monstres de tous les pays ! Reliez ces monstres à leur définition et à leur origine. Attention, certains monstres et lieux seront utilisés deux fois !

la vouivre •	• être marin mi-femme, mi-poisson •	• Grèce
le sphinx •	• lion à tête d'homme •	• Chine
la sirène •	• serpent fabuleux •	• Égypte
le yéti •	• abominable homme des neiges •	• est de la France
	• lion ailé à tête et buste de femme •	• pays nordiques
	• mi-femme, mi-oiseau au chant ensorcelant •	

5. Des monstres devenus communs
Reliez chaque nom de monstre à sa signification.

méduse •	
chimère •	• idée séduisante mais irréalisable, je suis une illusion
mégère •	• femme brutale, colérique et méchante
sphinx •	• personne mystérieuse, impassible, mais devinant les secrets des autres
dragon •	• personne exceptionnelle par ses qualités, unique en son genre
phénix •	• animal marin d'aspect gélatineux et possédant de longs tentacules
harpie •	

Bonus ! **À l'oral, racontez ce qu'étaient certains de ces monstres dans la mythologie.**

JOUONS AVEC LA LANGUE

6. MONSTRE-TOI ! **Par groupes de quatre ou cinq élèves, confectionnez deux piles de cartes. Chaque élève doit piocher deux cartes, une dans chaque paquet, et imaginer une action marquante accomplie par le « monstre » composé par les cartes et lui trouver un nom.**

1re pile : femme, homme, fille, garçon, professeur, collégien

2e pile : oiseau, fourmi, souris, ballon, valise, stylo, livre

S'EXPRIMER • Décrire une créature monstrueuse

7. Monstres de cinéma. Décrivez l'aspect physique et éventuellement le caractère de ces monstres de notre époque. Utilisez notamment des mots vus dans l'exercice 3.

Dracula → ....

King Kong → ....

Godzilla → ....

Smaug (*Bilbo le Hobbit*) → ....

Voldemort → ....

MINI-LIENS
activités complémentaires : minilienrobert.com/1F6067
exercices interactifs : minilienrobert.com/1F6019

16. *Le vocabulaire de l'aventure*

→ Enrichir son lexique

OBSERVER

1. Soulignez les trois définitions de l'aventure données dans le texte.
2. Surlignez la définition qui apporte un élément nouveau par rapport aux deux autres.
3. Et vous, quelle est votre définition de l'aventure ?

> – Dans un instant, se dit-il, j'irai vers mon destin. Quel beau mot : l'aventure ! ce qui doit advenir. Tout le surprenant qui m'attend.
>
> André Gide, *Les Faux-Monnayeurs*, 1925.

APPRENDRE ET S'EXERCER

aventure

1. Le nom ***aventure*** est issu du latin populaire *adventura*, qui signifie « ce qui doit advenir », « ce qui doit arriver ». Le premier sens du mot est donc « **destin** ».

2. Il s'y ajoute rapidement une idée de **hasard** : l'aventure, c'est ce qui arrive par hasard, de façon imprévue, « tout le surprenant qui m'attend ».

3. Généralement, nous sommes surpris par ce qui est inhabituel : c'est pourquoi l'aventure désigne le plus souvent un **événement extraordinaire**. Mais on ne sait jamais comment une aventure peut se terminer : l'aventure est aussi un **risque**.

4. Reliez chaque emploi du mot *aventure* à l'expression qui pourrait le remplacer.

Dans une ville inconnue, j'aime aller **à l'aventure**. •	• le risque
Une Tzigane m'a dit **la bonne aventure**. •	• un évènement inattendu
Si tu veux **courir l'aventure**, à ta guise ! •	• au hasard
Si **d'aventure** tu l'aperçois, dis-le-moi. •	• le destin
Il m'est arrivé **une drôle d'aventure**. •	• par hasard

5. Complétez avec les mots de la famille du nom *aventure*, accordés si nécessaire.

aventureux (2) • aventurier • aventure (3) • s'aventurer • aventurer • mésaventure

On peut vivre une .... sans avoir un caractère .... Les .... en revanche recherchent les .... Ils .... dans des voyages lointains, par terre ou par mer.
Mais l'.............................. comporte des dangers : on .... ses biens et même sa vie. Une expédition .... peut se conclure par quelque chose de pire qu'une simple .... !

LE MOT DU JOUR

Le mot ***mésaventure*,** comme les mots *mésentente*, *mésestimer*, *mécontent*, a pour préfixe *mé-* (*més-* devant une voyelle), qui signifie « mal, mauvais ».

• Dans un **récit d'aventures**, les personnages vivent des événements extraordinaires. Leur situation évolue sans cesse, souvent à cause du hasard : les péripéties sont nombreuses. Le héros ou l'héroïne prend des risques, affronte des dangers, surmonte des épreuves.

6. Le champ lexical de l'aventure. Classez les mots suivants par couples de synonymes en respectant les classes grammaticales.

a. incertain **b.** rebondissement **c.** hasardeux **d.** malheur **e.** péripétie **f.** danger
g. hasard **h.** risqué **i.** douteux **j.** inattendu **k.** infortune **l.** tribulations
m. péril **n.** accident **o.** mésaventures **p.** imprévu

....

7. Proposez un ou plusieurs synonymes aux noms suivants.

- recherche → ....
- découverte → ....
- expérience → ....
- échec → ....
- succès → ....
- voyage → ....

8. a. Entourez dans cette liste les adjectifs exprimant les qualités nécessaires à un aventurier.

impatient • persévérant • ingénieux • naïf • imprévoyant • poltron • réfléchi • impulsif • organisé • audacieux • inconscient • paresseux • courageux • casanier • hardi • téméraire • timoré • intrépide • imprudent • avisé • calme

b. Utilisez certains de ces adjectifs pour faire, au brouillon, le portrait d'un aventurier fictif (ou réel) que vous aimez : Indiana Jones, Bilbo le Hobbit, Ulysse, etc.

9. Chaque liste est en rapport avec un thème lié à l'aventure : lequel ? Identifiez-le en donnant un titre à chaque liste.

- appréhension, inquiétude, angoisse, effroi → ....
- affronter, braver, défier, s'exposer → ....
- ardeur, fièvre, enthousiasme, exaltation, griserie → ....
- explorer, découvrir, parcourir, traverser → ....
- départ, embarquement, fugue, escapade, évasion, équipée → ....

S'EXPRIMER • Enrichir son lexique

10. À partir d'une image : à l'aventure !
Objectif : atteindre le sommet figurant sur l'image avec vos camarades. Imaginez le discours que vous leur adressez pour les motiver tout en les prévenant des dangers. Vous réutiliserez le vocabulaire rencontré dans les exercices précédents.

Mes chers amis, nous voici au pied du mont Rainier...

MINI-LIENS
activités complémentaires : minilienrobert.com/1F6020
exercices interactifs : minilienrobert.com/1F6021

17. Le vocabulaire du récit de création

→ Imaginer un récit de création

OBSERVER

1. Que raconte ce texte ?

2. Pourquoi certains noms commencent-ils par une majuscule ?

3. Quel verbe signifie « donner naissance à » ?

Du Vide naquirent Érèbe[1] et la noire Nuit. Et de Nuit, à son tour, sortirent Éther[2] et Lumière du Jour. Terre, elle, d'abord enfanta un être égal à elle-même ; capable de la couvrir tout entière.

Hésiode, *Théogonie*, VIIIe s. av. J.-C.

1. **Érèbe :** les Ténèbres.
2. **Éther :** nom donné aux parties supérieures du ciel.

APPRENDRE ET S'EXERCER

• Le **récit de création**, aussi appelé « **genèse** », « **cosmogonie** » ou encore « **mythe des origines** », présente plusieurs étapes : création du monde, puis des créatures qui le peuplent.

• Ces récits existent dans toutes les civilisations. L'homme a toujours ressenti le besoin d'apporter une réponse à une question fondamentale : d'où venons-nous ?

• **Mots des origines et origine des mots**

Genèse vient du nom grec *genesis*, issu de la racine *gen-/gon-* signifiant « la naissance, l'origine ».

Origine vient du nom latin *originem*, de la famille du verbe latin *orior*, « naître, se lever ».

Création vient du nom latin *creationem*, de la famille du verbe *creare*, « tirer quelque chose du néant, donner existence à ce qui n'existait pas ».

4. Naissance et renaissance. Pour chaque phrase : a. soulignez le ou les verbes exprimant une création ou une destruction ; b. proposez un verbe synonyme pour chaque verbe.

1. a. Le Chaos engendra les Ténèbres et la Nuit. **b.** ....

2. a. Le dieu inca Viracocha fabriqua des figures d'enfants, de femmes et d'hommes. **b.** ....

3. a. Dans l'Épopée de *Gilgamesh*, les dieux décident d'anéantir le genre humain. **b.** ....

4. a. Selon le *Mahābhārata*, une pluie diluvienne détruira l'humanité puis tout recommencera. **b.** ....

5. a. Pour les Grecs de l'Antiquité, le feu consumera l'Univers qui se reconstituera par la suite. **b.** ....

5. Placez les mots de la liste au bon endroit et résolvez les devinettes ! Appuyez-vous sur la leçon, cherchez dans le dictionnaire éventuellement.

cosmogonie • gène • genèse (2 ×) • genétique • orient • original (2 ×)
originaire • originel • théogonie

1. On nomme .... l'endroit où se lève le soleil. Cela ne veut pas dire que le soleil est .... de ce lieu ! **2.** Je veux bien regarder ce film en version .... ou sous-titrée, pourvu qu'il raconte une histoire .... ! **3.** Dans certains mythes, c'est le feu qui est le principe .... de tout ce qui existe. **4.** Parmi les mythes, la .... raconte comment l'univers s'est formé et la .... raconte comment les dieux sont nés. **5.** Dans la Bible, on lit la .... Mais on peut aussi étudier scientifiquement la .... de l'Univers, des étoiles, des planètes, des roches, des plantes, des animaux, des hommes, pour comprendre comment tout cela s'est formé. **6.** La .... est une science qui étudie l'hérédité et comment les .... transmettent des caractères qui façonnent les êtres vivants.

6. Proposez une douzaine de mots de différentes classes grammaticales pour constituer ces deux champs lexicaux.

- **La création** → ....
....
- **La destruction** → ....
....

BOÎTE À OUTILS

Un **champ lexical** peut contenir des mots de toutes les classes grammaticales. Un même mot peut apparaître dans plusieurs champs lexicaux.

Ex. : le mot *sapin* pourra apparaître dans les champs lexicaux de la nature, de la forêt, des arbres, de Noël, etc.

7. Créateur et créature

« Le Seigneur Dieu modela l'homme avec de la poussière du sol. Il insuffla dans ses narines l'haleine de vie, et l'homme devint un être vivant. » (Bible, Livre de la Genèse)

a. Proposez deux synonymes du verbe *modeler* : .... ; ....

b. Au travail de quel artisan l'œuvre de Dieu est-elle comparée ? ....

c. Recherchez le sens et l'étymologie du nom *démiurge* : ....
....

d. Que signifie le verbe *insuffler* ? De quel nom pouvez-vous rapprocher ce verbe ?
....

S'EXPRIMER • Imaginer un récit de création

8. Décrivez les différentes créatures présentes sur cette image et imaginez la manière dont la divinité les crée et les façonne. Utilisez des mots vus dans cette fiche et soulignez-les.

MINI-LIENS
activités complémentaires : minilienrobert.com/1F6022
exercices interactifs : minilienrobert.com/1F6023

18. *Le vocabulaire de la ruse*

→ Enrichir son vocabulaire

OBSERVER

Capitaine Renard allait de compagnie
Avec son ami Bouc des plus haut encornés.
Celui-ci ne voyait pas plus loin que son nez ;
L'autre était passé maître en fait de tromperie.

Jean de La Fontaine, *Le Renard et le Bouc*, 1668.

1. Quelle caractéristique traditionnelle de Renard retrouve-t-on au vers 4 ? ....

2. Pourquoi Renard peut-il facilement tromper son ami Bouc ? Pour répondre, cochez la phrase exprimant le sens du vers 3.

☐ Le bouc voit très mal, il est myope.
☐ Le bouc ne comprend rien, il est stupide. ☐ Le bouc ne prévoit pas les conséquences.

APPRENDRE ET S'EXERCER

Dans la mythologie grecque, Métis incarne à la fois la ruse et la sagesse.

- La **ruse** permet au plus faible d'**échapper au plus fort en usant de son intelligence**.
→ Le champ lexical de la ruse est plutôt positif, il met l'accent sur l'intelligence.
- La **ruse** peut aussi être accomplie par **désir de nuire ou de se venger**.
→ Le champ lexical de la ruse est plutôt négatif : c'est celui de la tromperie.

3. Complétez le schéma avec les mots suivants.

astuce • machination • ingéniosité • mensonge • habileté • imagination • feinte • leurre • manigance • finesse • perfidie

4. Défaut ou qualité ? Entourez les adjectifs qui valorisent les talents d'un rusé personnage et soulignez ceux qui en font quelqu'un de déplaisant.

avisé • calculateur • débrouillard • adroit • astucieux • dissimulateur • espiègle • flatteur • futé • moqueur • hypocrite • perfide • railleur • retors • finaud • affabulateur

5. Reliez les antonymes. Un même mot peut avoir plusieurs antonymes.

	• dissimulation
loyauté •	• hypocrisie
franchise •	• duplicité
sincérité •	• méfiance
naïveté •	• traîtrise
crédulité •	• franchise
candeur •	• perfidie
	• fausseté

6. a. Entourez l'intrus parmi les adjectifs suivants.
b. Formez le nom correspondant à chaque adjectif.

- roué : ....
- malin : ....
- dupe : ....
- sournois : ....
- fourbe : ....
- malicieux : ....

7. Proposez au moins un antonyme pour chaque adjectif.

- réfléchi ≠ ....
- perspicace ≠ ....
- subtil ≠ ....
- inventif ≠ ....
- expérimenté ≠ ....
- défiant ≠ ....

8. Reliez chaque verbe au complément qui lui convient. Parfois, plusieurs solutions existent.

machiner •	• une intrigue
tendre •	• un stratagème
jouer •	• un complot
tramer •	• une machination
ourdir •	• un tour
imaginer •	• un piège

9. Notez la lettre de la capacité d'Ulysse, l'homme aux mille ruses, à côté de chaque action.

1. Ne pas avoir tué le cyclope : ......
2. Ne pas dire son vrai nom au cyclope Polyphème : ......
3. Se faire passer pour fou pour ne pas partir faire la guerre : ......
4. Prendre l'apparence d'un mendiant : ......

a. dissimulation
b. déguisement
c. simulation
d. anticipation

10. Scapin, valet rusé. Complétez ces phrases en utilisant les mots suivants.

tromper • piège • tours • duper • fourberies • stratagème • feindre

1. Grâce à ses .... , le valet Scapin sauve ses jeunes maîtres.
2. Il réussit d'abord à .... le père d'Octave et obtient l'argent dont il a besoin.
3. Il parvient ensuite à forger un nouveau .... et à .... le père de Léandre.
4. Les deux pères sont tombés dans le .... et Scapin devra finalement .... d'être mourant pour qu'on lui pardonne ses nombreux ....

S'EXPRIMER • Enrichir son vocabulaire

11. À l'aide des mots appris dans cette fiche, décrivez en quelques phrases un trompeur et sa victime. Vous pouvez louer le trompeur et vous moquer de la dupe ou, au contraire, critiquer le trompeur et plaindre la dupe. Vous pouvez vous inspirer de personnages que vous connaissez : Maître Renard et Maître Corbeau, Ulysse et le cyclope Polyphème, etc.

MINI-LIENS
activités complémentaires : minilienrobert.com/1F6068
exercices interactifs : minilienrobert.com/1F6024

BILAN 1 Fiches 1 à 18

La genèse polynésienne

Dans ce poème, l'auteur raconte comment le dieu Taaroa a créé le monde, selon la mythologie des habitants de Tahiti et des alentours…

Dans le Vide éternel interrompant son rêve,
L'Être unique, le grand Taaroa se lève.
Il se lève, et regarde : il est seul, rien ne luit.
Il pousse un cri sauvage au milieu de la nuit :
Rien ne répond. Le temps, à peine né, s'écoule ;
Il n'entend que sa voix. Elle va, monte, roule,
Plonge dans l'ombre noire et s'enfonce au travers.
Alors, Taaroa se change en univers : […]
Il dit : – Pôles, rochers, sables, mers pleines d'îles,
Soyez ! Échappez-vous des ombres immobiles ! –
Il les saisit, les presse et les pousse à s'unir ;
Mais la matière est froide et n'y peut parvenir :
Tout gît muet encore au fond du gouffre énorme ;
Tout reste sourd, aveugle, immuable et sans forme.
L'Être unique, aussitôt, cette source des Dieux,
Roule dans sa main droite et lance les sept cieux.
L'étincelle première a jailli dans la brume,
Et l'étendue immense au même instant s'allume ;
Tout se meut, le ciel tourne, et, dans son large lit,
L'inépuisable mer s'épanche et le remplit :
L'univers est parfait du sommet à la base,
Et devant son travail le Dieu reste en extase.

Charles Leconte de Lisle, « La genèse polynésienne », *Poèmes barbares*, 1862.

BILAN Niveau 1

→ 17 p. 36

1. À l'aide d'un dictionnaire, trouvez l'origine du mot *genèse* et expliquez sa signification.

……………………………………………………………………

……………………………………………………………………

2. Soulignez dans le texte trois mots formés à l'aide du préfixe négatif *in-* (ou *il-*, *im-*, *ir-*).

3. Entourez ci-dessous les mots où la lettre *g* se prononce /g/, comme dans *garçon*.

regarde – sauvage – plonge – gît – gouffre – aveugle – large

4. Dans « se lève » (v. 2), *se* est un déterminant démonstratif. ☐ Vrai ☐ Faux

5. Pour chacun des adjectifs suivants, donnez un synonyme, puis un antonyme. Aidez-vous d'un dictionnaire en cas de besoin.

- éternel = ……………………… ≠ ………………………
- énorme = ……………………… ≠ ………………………

6. Classez les mots suivants de ce récit de création dans le tableau.

vide – Être – rien – univers – brume – gouffre – matière – nuit – mer – ciel

Mots qui renvoient à ce qui précède la création du monde	Mots qui renvoient à ce qui a été créé
………………………………	………………………………
………………………………	………………………………

BILAN Niveau 2

7. Faites l'exercice 1.

8. Faites l'exercice 2. Puis, à l'aide du même préfixe, formez les antonymes de ces adjectifs.

- limité ≠ ………………… • réel ≠ …………………

9. Donnez, selon les cas, l'infinitif ou le participe présent de chaque verbe.

Ex. : *interrompant* (v. 1) → *interrompre*

- ……………………………………… → saisir
- ……………………………………… → pousser
- se changeant → ………………………………………
- ……………………………………… → lancer
- s'enfonçant → ………………………………………
- ……………………………………… → remplir

10. Entourez ci-dessous les mots où l'on entend le son /j/ comme dans *payer*.

jaillit – îles – travail – immobiles – cieux

11. « N'y » (v. 12) est une conjonction de coordination. ☐ Vrai ☐ Faux

12. Pour chacun des adjectifs suivants, donnez un synonyme puis un antonyme. Vous pouvez vous aider d'un dictionnaire.

- éternel = ……………………… ≠ ………………………
- énorme = ……………………… ≠ ………………………
- muet = ……………………… ≠ ………………………
- immense = ……………………… ≠ ………………………

13. Faites l'exercice 6.

BILAN Niveau 3

14. À l'aide d'un dictionnaire, trouvez l'origine des mots *genèse* et *extase*, puis expliquez leur signification.

- genèse : ....
- extase : ....

15. Formez les noms qui correspondent à ces adjectifs en ajoutant le suffixe qui convient.

- énorme : ....
- immense : ....
- sourd : ....

16. Recopiez un groupe de mots du texte où la liaison oblige à produire le son /z/ à partir de la lettre *s*.

....

17. Expliquez pourquoi il n'y a pas d'accent sur la lettre *e* au début du mot *extase*.

....

18. Faites l'exercice 12.

19. Soulignez dans le texte tous les mots qui font partie du vocabulaire du récit de création. → 17 p. 36

20. Quels mots soulignent dans ce poème la beauté du monde créé par le dieu Taaroa ? Encadrez-les dans le texte.

EXERCICES

1. Dans les mots suivants, soulignez les préfixes et entourez les suffixes.

incroyable • extraordinaire • perfection • créature • réinventer • embellir • infiniment • symboliquement

2. a. Rétablissez les accents manquants dans le texte suivant.
b. Quels sont les niveaux de langue employés dans ce texte ? ....
Soulignez tous les éléments qui vous permettent de répondre. Quel effet ce mélange de niveaux de langue suscite-t-il ?

....

....

....

[Dieu] regarda la terre qu'il avait modelee dans [sa paume,
Et les plantes et les betes qui remplissaient son beau [royaume.
Et Dieu s'assit, et se prit la tete dans les mains,
Et dit : « J'suis encore seul ; j'vais m'fabriquer [un homme demain. »
Et Dieu ramassa un peu d'argile au bord d'la riviere,
Et travailla, agenouille dans la poussiere.
Et Dieu, Dieu qui lança les etoiles au fond des cieux,
Dieu façonna et refaçonna l'homme de son mieux.

Marguerite Yourcenar, « La création »,
Fleuve profond, sombre rivière, 1964.

3. Le texte suivant décrit le monde à son commencement selon la Bible.

La Terre était riante et dans sa fleur première ;
Le jour avait encor cette même lumière
Qui du Ciel embelli couronna les hauteurs
Quand Dieu la fit tomber de ses doigts créateurs.
Rien n'avait dans sa forme altéré la nature,
Et des monts réguliers l'immense architecture
S'élevait jusqu'aux Cieux par ses degrés égaux,
Sans que rien de leur chaîne eût brisé les anneaux.
La forêt, plus féconde, ombrageait, sous ses dômes,
Des plaines et des fleurs les gracieux royaumes
Et des fleuves aux mers le cours était réglé
Dans un ordre parfait qui n'était pas troublé.

Alfred de Vigny, « Le déluge »,
Poèmes antiques et modernes, 1826.

a. Donnez les antonymes des mots suivants.

- riante ≠ ....
- embelli ≠ ....
- gracieux ≠ ....
- féconde ≠ ....

b. Trouvez, à l'aide d'un dictionnaire, au moins quatre mots de la même famille qu'« altéré » (v. 5) :

....

....

....

....

c. Encadrez les mots qui renvoient à l'idée d'une création ordonnée, harmonieuse.

PROJET 1. Écrire le portrait d'un monstre

ÉTAPE 1 LIRE LE PORTRAIT D'UN MONSTRE

« Sindbad le marin » est un récit qui fait partie du célèbre recueil de contes orientaux Les Mille et Une Nuits. *Sindbad, un marchand de Bagdad, s'embarque pour des voyages commerciaux qui le conduisent d'aventure en aventure. Dans ce passage, Sindbad raconte ce qu'il a découvert sur une île où il a été contraint de débarquer avec son équipage.*

C'était un palais bien bâti et fort élevé, qui avait une porte d'ébène[1] à deux battants, que nous ouvrîmes en la poussant. Nous entrâmes dans la cour et nous vîmes en face un vaste appartement avec un vestibule où il y avait, d'un côté, un monceau[2] d'ossements humains, et de l'autre, une infinité[3] de broches à rôtir. Nous tremblâmes à ce spectacle, et comme nous étions fatigués d'avoir marché, les jambes nous manquèrent : nous tombâmes par terre, saisis d'une frayeur mortelle, et nous y demeurâmes très longtemps immobiles.

Le soleil se couchait ; et tandis que nous étions dans l'état pitoyable[4] que je viens de vous dire, la porte de l'appartement s'ouvrit avec beaucoup de bruit et aussitôt, nous en vîmes sortir une horrible figure d'homme noir, de la hauteur d'un grand palmier. Il avait au milieu du front un seul œil rouge et ardent comme un charbon allumé ; les dents de devant, qu'il avait fort longues et fort aiguës, lui sortaient de la bouche, qui n'était pas moins fendue que celle d'un cheval, et la lèvre inférieure lui descendait sur la poitrine. Ses oreilles ressemblaient à celles d'un éléphant, et lui couvraient les épaules. Il avait les ongles crochus et longs comme les griffes des plus grands oiseaux. À la vue d'un géant si effroyable, nous perdîmes tous connaissance et demeurâmes comme morts.

« Sindbad le marin », *Les Mille et Une Nuits*,
Troisième voyage, IXe siècle.

1. Ébène : bois dur et noir. **2. Monceau :** grande quantité de choses, formant une pile. **3. Infinité :** un nombre incalculable. **4. Pitoyable :** digne de pitié.

1. Donnez un titre à chaque paragraphe.

Paragraphe 1 : .... **Paragraphe 2 :** ....

2. a. Dans les lignes 7 à 13, soulignez les mots qui révèlent l'état d'esprit des personnages avant même qu'ils ne voient le monstre.

b. Pourquoi sont-ils dans cet état d'esprit ? ....

....

3. « Horrible » (l. 15) et « effroyable » (l. 25) sont les adjectifs employés pour qualifier ce monstre. Ont-ils le même sens ? ☐ Oui ☐ Non

ÉTAPE 2 ENRICHIR LA DESCRIPTION PAR DES EXPANSIONS DU NOM

→ 21 p. 50 et 22 p. 53

4. Relisez le portrait du monstre.

Il avait au milieu du front un seul **œil** rouge et ardent comme un charbon allumé ; les **dents** de devant, qu'il avait fort longues et fort aiguës, lui sortaient de la **bouche**, qui n'était pas moins fendue que celle d'un cheval.

a. Placez entre crochets les groupes nominaux dont les noms en gras sont les noyaux.

b. Complétez le tableau en recopiant ce qui convient.

Nom	enrichi par un adjectif épithète (ou plusieurs)	enrichi par un complément du nom (CDN)	enrichi par une proposition subordonnée relative (PSR) (*qui, qu'*)
œil	....	....	....
dents	....	....	....
bouche	....	....	....

5. À votre tour, au brouillon, enrichissez les noms en gras de ce texte. Utilisez au moins une fois chaque type d'expansion (adjectif épithète, CDN, PSR).

Son **nez** ... lui servait à capturer ses proies qu'il pouvait sentir à plusieurs dizaines de mètres. Quant à ses **cheveux** ... , il semblait n'en prendre aucun soin. Ses **pieds** ... lui permettaient de franchir des distances colossales.

Odilon Redon, *Le Cyclope*, 1914.

6. La créature que rencontre Sindbad est un cyclope.

a. Quel célèbre héros de la mythologie grecque combat un cyclope ? ....

b. Cherchez une description du cyclope de la mythologie grecque puis comparez-le avec celui décrit par Sindbad.

....

....

ÉTAPE 3 DÉCRIRE UN ÊTRE AUX LIMITES DE L'HUMAIN

7. a. Dans ce passage du texte, soulignez la comparaison.

« un seul œil rouge et ardent comme un charbon allumé » (l. 17-18)

b. Que renforce cette comparaison ? Cochez la ou les cases qui conviennent.

☐ la lumière de l'œil ☐ sa grosseur ☐ son aspect inhumain ☐ sa chaleur ☐ la peur qu'il inspire

c. À votre tour, imaginez des comparaisons avec des choses inanimées pour créer un sentiment d'horreur ou de dégoût.

- Des mains .... comme ....
- Un nez .... comme ....
- Un ventre .... comme ....

8. a. Quels sont les trois animaux avec lesquels le monstre est comparé ? ....

b. Proposez des comparaisons pour animaliser les êtres suivants.

- Ce vieux matelot avait sur le dos une bosse évoquant / ressemblant à / qui avait l'air de ....
- Cette sorcière empestait telle / comme / autant que ....

BOÎTE À OUTILS

Animaliser signifie « rendre semblable à un animal ». L'**animalisation** d'un être humain a pour effet de le valoriser (lion, taureau) ou de le dévaloriser (escargot, taupe).

9. a. Surlignez trois passages du texte soulignant la disproportion du monstre.

b. Soulignez une exagération dans cette phrase.

« Nous vîmes paraître une multitude innombrable de sauvages hideux, couverts sur tout le corps d'un poil roux, et hauts seulement de deux pieds. »

c. Réécrivez cette phrase pour exagérer à nouveau le caractère disproportionné de ces créatures.

....

....

d. Observez cette couverture : correspond-elle au texte que vous avez lu ? ....

....

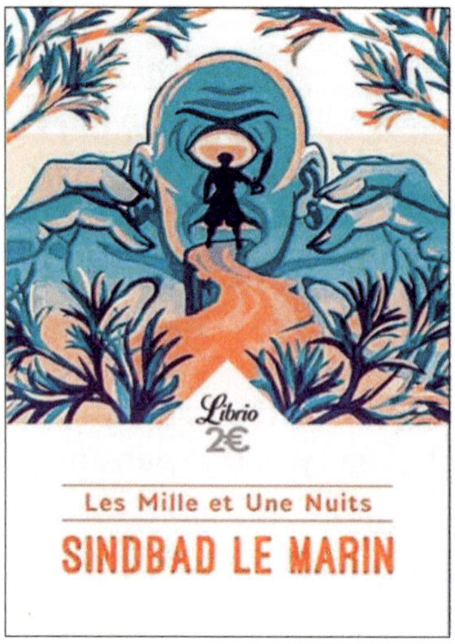

Image de couverture pour une édition de « Sindbad le marin ».

ÉTAPE 4 DES MOTS POUR EXPRIMER LA PEUR

10. Dans ce tableau, constituez des familles de mots exprimant la peur suscitée ou ressentie.

Noms	Verbes	Adjectifs
frayeur	....	**a.** effrayant **b.** ....
....	horrifier	**a.** .... **b.** ....
....	....	effroyable
....	apeurer	....
....	**a.** terroriser **b.**	**a.** .... **b.** ....
panique	....	....
épouvante	....	**a.** .... **b.** ....

11. a. Recopiez les passages du texte où s'expriment les manifestations (attitudes, sensations) de peur chez Sindbad et ses marins.

....

....

....

....

....

b. Trouvez d'autres expressions exprimant la peur associées aux parties du corps ci-dessous. Aidez-vous du dictionnaire si nécessaire.

1. Le cœur → ....

2. Les cheveux, les poils → ....

3. Les jambes → ....

4. La peau, le teint → ....

ÉTAPE 5 PRÉPARER L'ÉCRITURE DU PORTRAIT

À l'aide des activités précédentes, vous allez écrire le portrait d'un monstre. Vous pouvez répondre à ces questions pour trouver de l'inspiration.

12. Qui va rencontrer le monstre, l'observer et ressentir de la peur ?

☐ Un enfant courageux ☐ Un groupe d'amis ayant enfreint une interdiction
☐ Un héros rusé qui va surmonter sa peur et vaincre le monstre ☐ Autre : ....

13. Où et quand se situera la rencontre avec le monstre ?

☐ Dans une forêt profonde ☐ Sur une île inconnue des cartes ☐ Dans une ville
☐ Au fond de la mer ☐ Dans le passé ☐ Dans le futur ☐ Autre : ....

14. Comment allez-vous justifier que ce monstre se situe à la limite de l'humain ?

☐ En montrant qu'il ne possède pas les proportions d'un humain.
☐ En montrant que son comportement n'est pas celui d'un humain.
☐ En montrant qu'il se rapproche d'un animal.

15. Pour décrire chaque élément du portrait du monstre, choisissez :

1. une exagération et/ou une comparaison avec un animal ou une chose ;
2. un adjectif et/ou un complément du nom et/ou une proposition relative introduite par *qui* ou *que*.

Une bouche ....

Un costume ....

Un regard ....

Des mains ....

ÉTAPE 6 FAIRE LE PORTRAIT D'UNE CRÉATURE MONSTRUEUSE

BILAN *Écrire le portrait d'un monstre*

J'ai appris : ....
....
....
....

J'ai bien aimé : ....
....
....
....

Je maîtrise : ....
....
....
....

J'ai encore du mal à : ....
....
....
....

19. Noms propres, noms communs

→ Évoquer un bon ou un mauvais souvenir

OBSERVER

1. Quels sont les noms des personnages et du village où ils habitent ? ....

....

2. Quel signe graphique distingue ces noms des noms *ville* et *père* ? ....

....

« Moi, je suis Lili, des Bellons.
– Moi aussi, je suis des Bellons. »
Il se mit à rire :
« Oh ! Que non, tu n'es pas des Bellons ! Tu es de la ville. C'est pas toi, Marcel ?
– Oui, dis-je flatté. Tu me connais ?
– Je ne t'avais jamais vu, dit-il. Mais c'est mon père qui vous a porté les meubles. »

Marcel Pagnol, *Le Château de ma mère*, 1957.

APPRENDRE ET S'EXERCER

• Les **noms communs** servent à désigner des objets, des personnes, des sentiments, des idées.
Ex. : *ville, père.*
Ils commencent par une **minuscule** et sont souvent précédés d'un déterminant indiquant :
– leur genre : ***le*** *père* (masculin), ***la*** *ville* (féminin) ;
– leur nombre : ***le*** *père* (singulier), ***les*** *meubles* (pluriel).

• Les **noms propres** commencent par une **majuscule**.
Ils désignent un élément unique :
Les Bellons, Marcel.

3. Cochez la bonne case.

	Vrai	Faux
Les noms propres commencent par une majuscule.	☐	☐
Dire qu'un nom est au singulier, c'est donner le genre de ce nom.	☐	☐

4. Entourez les noms propres et soulignez les noms communs.

De ma mère, le seul souvenir qui me reste est celui du jour où elle m'accompagna à la gare de Lyon d'où, avec un convoi de la Croix-Rouge, je partis pour Villard-de-Lans : bien que je n'aie rien de cassé, je porte le bras en écharpe. Ma mère m'achète un Charlot intitulé *Charlot parachutiste*: sur la couverture illustrée, les suspentes du parachute ne sont rien d'autre que les bretelles du pantalon de Charlot.

Georges Perec, *W ou le Souvenir d'enfance*, 1993.

LE MOT DU JOUR

Le nom de famille transmis par le père s'appelle le **patronyme.** En France, depuis 2005, un enfant peut porter aussi le nom de famille de sa mère, le **matronyme**, ou les deux noms associés.

5. Précisez le genre (M ou F) et le nombre (S ou P) des noms communs soulignés. Surlignez les noms propres.

1. La maison .... était grande, coiffée d'un grenier .... haut. La pente raide de la rue obligeait les écuries .... et les remises, les poulaillers ...., la buanderie, la laiterie, à se blottir en contrebas tout autour d'une cour fermée.

2. Le Jardin-du-Haut commandait un Jardin-du-Bas, potager .... resserré et chaud, consacré à l'aubergine .... et au piment, où l'odeur .... du feuillage de la tomate se mêlait, en juillet, au parfum .... de l'abricot .... mûri sur espaliers .... (Colette)

6. Trouvez le nom commun correspondant au nom propre souligné et proposez-en une définition.

1. Atlas était un géant qui tenait le monde sur ses épaules.

Un .... est ....

2. Roy Jacuzzi inventa en 1968 une baignoire particulière.

Un .... est..

3. Dédale était un architecte grec qui construisit le labyrinthe où était enfermé le Minotaure. Un .... est ....

4. Claude de France, épouse du roi François Ier, donna son nom à un fruit.

Une .... est ....

BOÎTE À OUTILS

Certains noms communs ont pour origine des noms propres. Une poubelle est ainsi nommée par référence au préfet Eugène Poubelle, qui en imposa l'usage.

JOUONS AVEC LA LANGUE

7. JEU DE MÉMOIRE : jouez à cinq.

Le premier commence en disant : « Lorsque je pars en vacances, j'emporte… » et ajoute un nom d'objet féminin de son choix (par exemple, « une valise »). Le deuxième répète toute la phrase et ajoute un nom d'objet masculin, le troisième répète la phrase complétée par le deuxième et ajoute un troisième nom d'objet féminin, et ainsi de suite. Celui qui se trompe dans la liste d'objets est éliminé. Le gagnant est le dernier en lice !

8. En vous aidant de leur définition, retrouvez les mots qui ont servi à composer ces « mots-valises ».

pourriel : courrier électronique qui ne mérite que la poubelle. .... + ...

informatique : science qui permet à une machine de traiter toute seule l'information. .... + ...

alicament : nourriture qui améliore la santé. .... + ...

aspivenin : instrument qui permet d'atténuer les effets d'une piqûre d'insecte. .... + ...

BOÎTE À OUTILS

On invente parfois des noms communs à partir de deux autres mots.
Ex. : *franglais* = *français* + *anglais*. Ce sont des « mots-valises ».

S'EXPRIMER • Évoquer un bon ou un mauvais souvenir

9. Évoquez le souvenir d'une rencontre en cinq lignes. Vous emploierez au moins trois noms propres et vous soulignerez les noms communs.

MINI-LIENS
activités complémentaires : minilienrobert.com/1F6069
exercices interactifs : minilienrobert.com/1F6025

20. Les déterminants et leurs rôles

→ Imaginer la suite d'une aventure

OBSERVER

1. **Les termes surlignés en jaune précèdent des mots appartenant tous à la même classe grammaticale : laquelle ?**

....

2. **S'il était écrit « nous aperçûmes l'île » au lieu de « une île », quelle serait la différence de sens ?**

....

Après avoir longtemps vogué sur la mer Pacifique, nous aperçûmes de loin une île de sucre avec des montagnes de compotes, des rochers de sucre candi et de caramel, et des rivières de sirop qui coulaient dans la campagne. Les habitants, qui étaient fort friands, léchaient tous les chemins, et suçaient leurs doigts après les avoir trempés dans les fleuves.

Fénelon, « Voyage dans l'île des plaisirs », *Fables composées pour l'éducation de Mgr le Duc de Bourgogne*, 1700.

APPRENDRE ET S'EXERCER

• Le **déterminant** introduit le nom et le groupe nominal dans la phrase, il les précède donc. Il s'accorde en genre et en nombre avec le nom qu'il détermine.
Ex. : *la mer, des montagnes enneigées.*

• Il y a plusieurs sortes de déterminants. On peut citer :
- les **articles définis** : *le, la, les* (*la mer*), **ou indéfinis** : *un, une, des* (*une île*) ;
- les **déterminants possessifs** : *mon, ma, mes / ton, ta, tes / son, sa, ses / notre, nos / votre, vos / leur, leurs* (*leurs doigts*) ;
- les **déterminants démonstratifs** : *ce* ou *cet* (devant une voyelle ou un *h* muet), *cette, ces* (*ce voyage, cet homme, cette île*).

• L'**article défini** accompagne un nom désignant une chose connue ou déjà mentionnée. Il peut être élidé : *l'* (*l'île*).

• Le **déterminant possessif** indique que le nom qu'il accompagne est la possession d'un autre élément déjà nommé.
Ex. : *les habitants léchaient leurs doigts* → *leurs* indique que le possesseur est *les habitants*.

• Le **déterminant démonstratif** accompagne le nom de quelque chose que l'on désigne ou dont on a déjà parlé.

3. **Cochez la bonne case.**

La est un article dans les phrases suivantes :

	Vrai	Faux
1. Les habitants voient la montagne de sucre candi.	☐	☐
2. Les habitants la voient.	☐	☐

4. **Soulignez les déterminants.**

Le troupeau des chèvres bises et des moutons marchait devant les enfants. Les bêtes aussi allaient sans savoir où, posant leurs sabots sur des traces anciennes. Le sable tourbillonnait entre leurs pattes, s'accrochait à leurs toisons sales.

Jean-Marie Gustave Le Clézio, *Désert*, 1980.

5. Soulignez les articles définis en rouge et les articles indéfinis en bleu.

1. À l'entrée de la gare, les employés accompagnaient les voyageurs au wagon qui leur était réservé. **2.** Des sommets de la montagne, les torrents dévalaient vers le village. **3.** Au retour d'un de ses voyages, il trouva la maison déserte. **4.** Les voyageurs firent une halte le soir. Leur arrivée à l'auberge avait été immédiatement signalée au maire.

BOÎTE À OUTILS

L'**article défini contracté** est contracté avec une préposition : ***au*** (*à* + *le*), ***aux*** (*à* + *les*), ***du*** (*de* + *le*), ***des*** (*de* + *les*).

6. Ajoutez les déterminants démonstratifs manquants dans les phrases suivantes.

1. Les récits de voyageurs ont souvent du succès. .... histoires, en effet, permettent au lecteur de voyager en imagination. **2.** .... oasis était un refuge merveilleux. **3.** Debout devant .... abîme immense, le randonneur restait pétrifié. **4.** .... banane énorme, ... oranges luisantes, ... raisin mordoré ! Il n'avait jamais vu des fruits aussi merveilleux.

7. Surlignez les déterminants possessifs. À l'oral, indiquez à quel possesseur ils renvoient.

La magicienne Circé met Ulysse en garde.
Il vous faudra d'abord passer près des Sirènes. Elles charment tous les mortels qui les approchent.
Bien fou qui relâche pour entendre leurs chants ! Jamais en son logis sa femme et ses enfants ne fêtent son retour : car de leurs fraîches voix les Sirènes le charment, et le pré, leur séjour, est bordé d'un rivage tout rempli d'ossements et de débris humains…

Homère, *L'Odyssée, chant 12.*

8. Complétez les phrases par le déterminant possessif qui convient.

1. Chacun a pris .... bagages et .... manteau. **2.** Tous ont donné .... opinion sur l'itinéraire. **3.** Le groupe de touristes a attendu longtemps .... guide. **4.** Merci, Monsieur, grâce à .... excellent sens de l'orientation, vous nous avez permis de rentrer à bon port. **5.** Chère Marie, ... envie de voyager est compréhensible, mais .... parents craignent les dangers de l'aventure ; .... craintes sont assez légitimes.

BOÎTE À OUTILS

Devant un nom ou un adjectif féminin commençant par une voyelle, un *h* ou un *e* muet, *ma*, *ta*, *sa* deviennent *mon*, *ton*, *son*. Ex. : *mon amie*.

S'EXPRIMER • Imaginer la suite d'une aventure

9. Ajoutez deux phrases au texte de Fénelon (voir « Observer »). Vous commencerez la première par : « Il y avait aussi... » et la seconde par : « On y trouvait également... ». Vous emploierez au moins deux déterminants démonstratifs et deux déterminants possessifs. Vous soulignerez tous les déterminants de votre texte.

MINI-LIENS
activités complémentaires : minilienrobert.com/1F6026
exercices interactifs : minilienrobert.com/1F6027

21. L'adjectif. L'adjectif épithète

→ Décrire un paysage

OBSERVER

1. **Reliez chaque mot souligné au nom auquel il apporte une précision (par exemple, reliez *petites* à *bêtes*).**

2. **Reliez chaque mot à la notion qu'il exprime.**

peureux •	• taille
rouge •	• poids
hautes •	• sentiment
lourds •	• couleur

Chers bois ! Dieu que je les aime ! [...] Pas de petites bêtes dans ces grands bois, ni de hautes herbes, un sol battu, tour à tour sec, sonore, ou mou à cause des sources : des lapins à derrière blanc les traversent ; des chevreuils peureux, [...] de grands faisans lourds, rouges, dorés, des sangliers.

Colette, *La Maison de Claudine*, 1922.

APPRENDRE ET S'EXERCER

• L'**adjectif** apporte une précision au nom qu'il qualifie.
Ex. : *des petites bêtes* → *petites* apporte une précision sur la taille des bêtes.

• L'adjectif est un mot **variable** ; il prend le genre et le nombre du nom qu'il qualifie.
Ex. : *des chevreuils peureux, une biche peureuse*.

3. **Reliez chaque adjectif au nom avec lequel il peut s'accorder.**

escarpés •	forêt •	touffu •	pentes •
• escarpées	• rochers	• touffue	• bosquet

4. a. **Accordez les adjectifs qualifiant les noms en gras.**

Figurez-vous une **île** (rougeâtre) .... et d'**aspect** (farouche) .... ; le phare à une pointe, à l'autre une (vieux) .... **tour** (génois) .... où, de mon temps, logeait un aigle. Puis des ravins ; des maquis, de (grand) .... **roches**, quelques **chèvres** (sauvage) ...., de (petit) .... **chevaux** (corse) .... gambadant la crinière au vent.

D'après Alphonse Daudet, *Le Phare des Sanguinaires*, 1869.

b. **Les adjectifs utilisés dans cette description donnent l'impression que le paysage est :**

- ☐ tranquille.
- ☐ sauvage.
- ☐ accueillant.
- ☐ hostile.

Des adjectifs bien choisis permettent de créer, dans un texte descriptif, une impression dominante : *beauté, laideur, sauvagerie, émerveillement*, etc.

5. **Écrivez le numéro de l'adjectif de sens contraire.**

a. sombre ...... **b.** secret ...... **c.** serein ......

d. inquiétant ...... **e.** glacé ...... **f.** mouvant ......

g. champêtre ...... **h.** humide ......

1. lumineux **2.** immobile **3.** desséché

4. urbain **5.** rassurant **6.** torride

7. connu **8.** tourmenté

JOUONS AVEC LA LANGUE

6. LE JEU DES CONTRAIRES : MEMORY DES ADJECTIFS **En binômes, préparez vingt paires de cartes. Chaque paire comprend un adjectif (carte 1) et son contraire (carte 2) :** par exemple, *blanc* sur une carte, *noir* sur l'autre.
Quand le jeu est constitué, étalez les cartes en les retournant et faites une partie de Memory. À vous de mêler des adjectifs faciles et difficiles...

- Dans le **groupe nominal**, l'**adjectif** a la **fonction d'épithète du nom**.
- L'**épithète** peut être **placée avant ou après le nom** : *de hautes herbes, un sol battu.*
- Quand un groupe nominal contient **plusieurs épithètes**, ces épithètes peuvent être :
  - placées de part et d'autre du nom : *de grands faisans lourds* ;
  - reliées entre elles par une conjonction de coordination : *des faisans rouges **et** dorés* ;
  - juxtaposées, c'est-à-dire séparées par une virgule : *des faisans lourds, rouges, dorés.*

GN
=
déterminant
+
épithète(s)
+
nom
+
épithète(s)

7. Dans ces groupes nominaux, soulignez le nom noyau et surlignez le(s) adjectif(s) épithète(s).

1. Le ciel orageux. **2.** Une lumière chaude, dorée, enveloppante. **3.** Cette haute falaise rocheuse. **4.** De vertes prairies parsemées de fleurs et de bosquets.

LE MOT DU JOUR

Le mot *épithète* n'est pas un mot si compliqué ! Il est formé sur deux racines grecques :
- *épi*, signifiant « sur, contre » et qu'on retrouve dans *épiderme* (« sur la peau ») ;
- *thète*, signifiant « posé, placé ».

L'adjectif épithète est placé **tout contre le nom** qu'il accompagne.

8. Les adjectifs en gras sont-ils épithètes des noms soulignés ? Entourez la bonne réponse.

1. Un **petit** ruisseau à l'onde **pure** serpentait dans le pré.	Oui	Non
2. L'eau était **transparente** et **cristalline**.	Oui	Non
3. Un nuage de cendres **dense**, **brûlant** s'abattit sur la cité.	Oui	Non
4. Des averses de pluie **violentes** et **denses** gonflaient la rivière.	Oui	Non

9. Formez les adjectifs de la même famille que les noms suivants.

1. charme → ....
2. solitude → ....
3. immensité → ....
4. bain → ....
5. mer → ....
6. écume → ....
7. rocher → ....
8. herbe → ....
9. paix → ....
10. sable → ....

10. Formez les noms correspondant aux adjectifs suivants.

- habile → ....
- tranquille → ....
- hostile → ....
- vif → ....
- admiratif → ....
- excessif → ....
- directif → ....
- instinctif → ....
- indifférent → ....
- prudent → ....
- lent → ....
- innocent → ....
- charmant → ....
- odorant → ....
- important → ....
- rafraîchissant → ....

11. Soulignez l'adjectif dans les phrases suivantes et expliquez-en le sens en le remplaçant par une expression équivalente.

BOÎTE À OUTILS

L'adjectif épithète peut précéder ou suivre le nom. Sa place lui donne parfois un sens différent.

Ex. : *un homme* ***brave*** = *un homme* ***courageux***.
Un ***brave*** *homme = un homme* ***bon***

1. a. Ton père m'a raconté une drôle d'histoire ce matin.
→ ....
....

b. Les histoires drôles qu'il aimait raconter nous faisaient toujours rire.
→ ....

2. a. Quelle curieuse personne que ta cousine ! → ....

b. C'est un enfant curieux et éveillé. → ....

3. a. Ce méchant livre ne vaut rien. → ....

b. Cet article méchant est parfaitement injuste. → ....

4. a. Napoléon est considéré par certains comme un grand homme.
→ ....

b. Mais Napoléon était-il un homme grand ?
→ ....

S'EXPRIMER • Décrire un paysage

12. Écrivez deux phrases pour décrire ce paysage. Employez le plus grand nombre possible d'adjectifs. Soulignez-les, vérifiez qu'ils s'accordent bien avec le nom qu'ils qualifient.

MINI-LIENS
activités complémentaires : minilienrobert.com/1F6070
exercices interactifs : minilienrobert.com/1F6028

22. Le groupe nominal

→ Décrire un objet auquel on est attaché

OBSERVER

1. **Dans les deux groupes surlignés, encadrez le nom désignant l'objet qui est le sujet du poème.**

2. **Entourez celui des deux groupes qui décrit l'objet et ne se contente pas de le désigner.**

3. **Surlignez tous les mots qui précisent le nom *air* et le nom *flot*.**

C'est un large buffet sculpté ; le chêne sombre,
Très vieux, a pris cet air si bon des vieilles gens ;
Le buffet est ouvert, et verse dans son ombre
Comme un flot de vin vieux, des parfums engageants.

D'après Arthur Rimbaud, « Le buffet », *Cahier de Douai*, 1870.

APPRENDRE ET S'EXERCER

• Le **nom** est le **noyau** du **groupe nominal (GN)**. Le groupe nominal peut être **minimal** ou **enrichi.**
– Le **GN minimal** se compose du nom accompagné d'un déterminant.
– Le **GN enrichi** se compose d'un GN minimal enrichi d'un adjectif épithète du nom noyau ou d'un autre GN introduit par une préposition (*de, à, en, sans...*), qui a la fonction de complément du nom noyau (CDN).

GN minimal → [déterminant (accordé en genre et en nombre avec le nom) + nom noyau]
[*le buffet*]

GN enrichi
→ [déterminant + nom noyau + adjectif(s) épithète(s) (accordé(s) avec le nom noyau)]
[*un large buffet sculpté*]
→ [déterminant + nom noyau + *GN CDN*]
[*un flot de vin vieux*]
→ [déterminant + nom noyau + *adjectif épithète* + *GN CDN*]
[*cet air si bon des vieilles gens*]

4. **Cochez la bonne case.**

	Vrai	Faux
1. *Des parfums engageants* est un GN minimal.	☐	☐
2. *Parfums* est un GN.	☐	☐

5. a. **Placez entre crochets les GN de ce texte et soulignez leur nom noyau.**

C'était une pantoufle élégante, une pantoufle svelte, une pantoufle de bonne mine, une pantoufle distinguée ;
C'était une pantoufle bien conditionnée, une pantoufle naturelle, une pantoufle sans manières et sans prétentions ;
C'était une excellente petite pantoufle.
C'était la reine des pantoufles.

D'après Charles Nodier, *Histoire du roi de Bohême et de ses sept châteaux*, 1830.

b. **Parmi les GN identifiés, recopiez un exemple de chaque construction.**

• déterminant + nom noyau + épithète(s) → ....

• déterminant + épithète(s) + nom noyau → ....

• déterminant + nom + complément(s) du nom → ....

6. a. Soulignez les quatre GN minimaux et surlignez les cinq GN enrichis. Entourez à chaque fois le nom noyau.

De profonds tressaillements la secouaient, elle se cabrait, ne continuait sa marche que sous la main volontaire du mécanicien. D'un geste, celui-ci avait ouvert la porte du foyer, pour que le chauffeur activât le feu. Et, maintenant, ce n'était plus une queue d'astre incendiant la nuit, c'était un panache de fumée noire, épaisse.

Émile Zola, *La Bête humaine*, 1890.

b. Bonus

1. Avec quel nom s'accordent les adjectifs ***noire*** et ***épaisse*** ? ....

2. Entourez la bonne réponse. Ce nom est : le nom noyau du GN / le nom du GN CDN.

7. Enrichissez ces GN minimaux en ajoutant deux adjectifs au moins, avant ou après le nom. Attention aux accords !

une pipe → ....
un miroir → ....
un fauteuil → ....
une voiture → ....
des chaussures → ....
des bijoux → ....

BOÎTE À OUTILS

Le déterminant indéfini pluriel *des* est modifié quand il est suivi d'un adjectif : il devient ***de***.

Ex. : *des voitures anciennes*, mais ***de*** *vieilles voitures*.

8. Grâce à un groupe nominal enrichi, décrivez chaque objet représenté sur cette peinture.

1. ....
2. ....
3. ....
4. ....
5. ....
6. ....
7. ....
8. ....

Lubin Baugin, *Nature morte à l'échiquier*, vers 1610.

9. Transformez ces phrases verbales en groupes nominaux.

Ex. : *On vend toute la vaisselle restante.* → *Vente de toute la vaisselle restante.*

1. Le musée ouvre à 10 heures. → ....
2. Les guichets fermeront à 18 heures. → ....
3. Le responsable sera absent cet après-midi. → ....
4. Le train pour Rome part immédiatement. → ....
5. Tous les membres de l'équipe devront assister à la réunion. → ....

10. Dictée préparée

Le dieu Héphaïstos forge les armes d'Achille.

Héphaïstos fabrique d'abord un bouclier large et solide, qu'il embellit de toutes parts d'ornements divers. Sur la surface, avec une divine intelligence, il trace mille tableaux variés. Il représente la terre, les cieux, la mer, le soleil infatigable, la lune dans son plein, et tous les astres dont se couronne le ciel. Il y représente aussi deux belles villes remplies d'habitants. Quand il a terminé ce grand et solide bouclier, il fait une cuirasse d'un éclat plus brillant que la flamme ; il forge aussi le casque solide pour couvrir le front du héros.

D'après Homère, *Iliade*, Chant XVIII.

1. Recopiez cinq fois ces mots : *embellir, ornement, intelligence, cuirasse, héros.*

2. Dans les groupes nominaux soulignés, expliquez l'accord des adjectifs.

JOUONS AVEC LA LANGUE

11. Voici une série de questions.
Le premier joueur répond à une des questions par un groupe nominal minimal.
Le joueur suivant répète et ajoute un troisième élément au GN.
Le troisième joueur répète et ajoute un quatrième élément, etc.
Celui qui fait une erreur est éliminé. Le gagnant est le dernier à rester en lice.
Vous pouvez imaginer d'autres questions.

Ex. : *Que regardez-vous ? Qu'apportez-vous ? Qui avez-vous invité ? Que lisez-vous ?*

12. À partir des mots proposés, formez des groupes nominaux pour nommer des objets imaginaires et dessinez le résultat. Vous pouvez employer plusieurs fois un même mot et l'employer au singulier ou au pluriel. Pensez à accorder les adjectifs.

le	manteau	souple
la	stylo	volant
les	livre	énorme
un	ballon	récalcitrant
une	montre	mou
des	corde	dansant
	bottes	endormi

S'EXPRIMER • Décrire un objet auquel on est attaché

13. Décrivez, à la manière de Charles Nodier (exercice 5), un objet auquel vous êtes attaché(e). Vous soulignerez dans votre texte les groupes nominaux et entourerez le nom noyau.

MINI-LIENS
activités complémentaires : **minilienrobert.com/1F6029**
exercices interactifs : **minilienrobert.com/1F6030**

23. Les pronoms personnels

→ Raconter un combat

OBSERVER

1. Dites quel personnage est désigné par les mots surlignés en jaune.

....

2. Dites quel personnage est désigné par le mot *elle*, en mauve. ....

Qui est désigné par le mot *les*, en vert ?

....

Camille, jeune guerrière, combat les Troyens qui veulent s'installer en Italie.

Le Troyen Ornytus va et vient parmi ses escadrons ; il les domine de toute la tête. Sans peine, Camille l'attrape, elle le transperce, et, pleine d'agressivité, ajoute : « Le titre que tu emporteras chez les Mânes de ton père n'est pas sans éclat : c'est celui d'être tombé sous les traits de Camille. »

D'après Virgile, *Énéide*, Chant XI, entre -29 et -19 av. J.-C.

APPRENDRE ET S'EXERCER

• **Les pronoms personnels** remplacent les noms et les groupes nominaux. Ils évitent les répétitions.

– Ils s'accordent en genre et en nombre avec le mot qu'ils remplacent.

– Ils ont la fonction que le nom qu'ils remplacent aurait dans la phrase.

Ex. : *Elle le transperce* = *Camille transperce Ornytus*.

Elle = Camille : sujet de *transperce* *le = Ornytus* : COD de *transperce*

Les pronoms personnels

1re personne du singulier	*je, me, moi*
2e personne du singulier	*tu, te, toi*
3e personne du singulier	*il, elle, le, se, lui, on*
1re personne du pluriel	*nous*
2e personne du pluriel	*vous*
3e personne du pluriel	*ils, elles, eux, leur*

• **Les pronoms adverbiaux**

– *y*, pronom adverbial, remplace [*à* + GN] ;

Ex. : *Camille va au combat.* → *Elle y va.*

– *en*, pronom adverbial, remplace [*de* + GN].

Ex. : *Camille sort victorieuse du combat.*

→ *Elle en sort victorieuse.*

3. Pour chaque phrase, cochez la bonne case.

a. Je vois **le** combat. **b.** Je **le** vois.

→ ***Le*** est un pronom personnel. Phrase **a** : ☐ Vrai ☐ Faux Phrase **b** : ☐ Vrai ☐ Faux

c. J'ai tout vu du combat ! J'**en** viens ! **d.** **En** revenant du combat, il était fier de sa victoire.

→ ***En*** est un pronom adverbial. Phrase **c** : ☐ Vrai ☐ Faux Phrase **d** : ☐ Vrai ☐ Faux

4. Parmi les mots soulignés, entourez ceux qui sont des pronoms personnels. Ne les confondez pas avec les déterminants !

1. Persée combat la Gorgone Méduse et la tue.

2. Ulysse aperçoit les sirènes et leur résiste en se bouchant les oreilles. Leurs chants sont en effet maléfiques.

3. Héraclès combat l'Hydre et décide de l'achever en lui coupant ses cent têtes qui repoussaient.

4. Les terribles monstres grecs sont tués par les héros qui les combattent avec courage.

5. Hercule étouffe le redoutable Lion de Némée et le dépouille de sa peau.

Ne confondez pas les déterminants et les pronoms : les **déterminants** sont placés devant un **GN** ; les **pronoms** dépendent d'un **verbe**.

Ex. : *Ulysse craint les Sirènes et **leurs chants**.*
déterminant possessif

*Le héros voit des monstres et **leur envoie** des flèches.*
pronom personnel

5. Soulignez les pronoms personnels dans le texte suivant. Surlignez les pronoms adverbiaux.

Hercule arriva chez le centaure Pholus. Pour lui faire plaisir et l'honorer, le centaure apporta un tonneau de vin. Il le perça et une odeur excellente se répandit alentour. Les autres centaures voulurent s'en emparer mais Hercule les attendit sans s'émouvoir et leur opposa une résistance terrible. Il les combattit vigoureusement ; il en tua plusieurs et mit en fuite ceux qui restaient.

D'après Diodore de Sicile, *Histoire universelle*, Ier siècle av. J.-C.

6. Réécrivez les phrases en bleu en remplaçant les répétitions par des pronoms personnels placés au bon endroit.

1. Persée aperçoit le monstre. Aussitôt Persée s'élance et attaque le monstre.

→ ....

2. As-tu vaincu le monstre ? Oui, j'ai vaincu le monstre.

→ ....

3. Comment as-tu vaincu ces monstres ? J'ai lutté contre les monstres avec énergie et j'ai envoyé aux monstres mes meilleures flèches.

→ ....

4. Le héros a-t-il rapporté au roi la tête du monstre ? Oui, il a rapporté au roi la tête du monstre.

→ ....

7. Donnez la fonction des pronoms surlignés : sujet, COD, COI ?

→ 29 p. 73, 29 p. 75

Ulysse se bat contre les prétendants qui le croient mort et veulent épouser sa femme.

Grâce à Athéna qui (............) lui accorde sa protection, Ulysse (............) se venge. La fin de l'*Odyssée* raconte comment, déguisé en mendiant, (............) il pénètre dans son palais et rencontre les prétendants : il (............) leur demande de participer au concours de tir à l'arc, gagne et ensuite (............) les vainc avec l'aide de la déesse.

Pour trouver la **fonction d'un pronom**, on le remplace par le nom qu'il représente.

S'EXPRIMER • Raconter un combat

8. Imaginez le combat d'Héraclès contre l'Hydre de Lerne (exercice 4, phrase 3) et racontez-le en trois phrases. Vous soulignerez dans votre texte les pronoms personnels. Vous pouvez vous inspirer de l'image et utiliser les éléments de la légende suivante.

L'Hydre habite les marais de Lerne. Son haleine est empoisonnée. Pour la vaincre, Héraclès reçoit l'aide de son jeune neveu Iolaos. Héraclès coupe toutes les têtes et enterre la tête principale. Il recueille le venin et en empoisonne ses flèches.

MINI-LIENS
activités complémentaires : minilienrobert.com/1F6031
exercices interactifs : minilienrobert.com/1F6032

24. Former le féminin des noms et des adjectifs

→ Raconter une course

OBSERVER

Lorsque l'étrangère arriva à Tsägung, Galshan l'attendait, les deux mains sur les hanches, **échevelée** et **grise** de poussière, **essoufflée** d'avoir tant galopé, et Tête-Noire, sa jument, se roulait dans les herbes sèches, la robe **ruisselante** de sueur et la bouche blanche d'écume.

D'après Xavier-Laurent Petit, *La Route du Nord*, 2008.

1. Mettez les quatre adjectifs en gras au masculin.

....

....

2. Mettez les trois mots soulignés au masculin.

....

....

3. Quelle est la marque du féminin ? ....

APPRENDRE ET S'EXERCER

- Certains noms féminins n'ont pas d'équivalent au masculin : *la bouche, la main.* Ils ne se terminent pas forcément par un **e**.
- D'autres **noms féminins** sont formés à partir de leur équivalent masculin, de la même façon que les **adjectifs féminins** sont formés à partir de leur équivalent masculin : par l'**ajout d'un e.**
- L'ajout du **e** peut entraîner d'autres modifications :
  - la consonne devant le e final est doublée : *un comédien → une comédienne* ;
  - le suffixe est modifié : *inquiet → inquiète* ; *nouveau → nouvelle* ;
  - la consonne précédant le e est modifiée : *vif → vive* ; *peureux → peureuse*.
- Les mots masculins en *-eur* se terminent par ***-euse*** ou par ***-rice*** au féminin : *un chanteur → une chanteuse* ; *un acteur → une actrice*.

4. Cochez la bonne case.

	Vrai	Faux
1. Tous les mots féminins se terminent par un *e*.	☐	☐
2. Il faut parfois changer le suffixe pour former le féminin.	☐	☐

5. Mettez les adjectifs suivants au féminin.

- ancien → ....
- doux → ....
- fou → ....
- franc → ....
- fier → ....
- public → ....
- complet → ....
- long → ....
- national → ....
- sportif → ....
- coquet → ....
- habituel → ....

6. Écrivez au féminin les groupes nominaux suivants.

- un agriculteur travailleur → ....
- un nouveau coiffeur → ....
- un joueur honnête → ....
- un vieux navigateur → ....
- un peintre créatif → ....
- un voyageur courageux → ....

BOÎTE À OUTILS

Certains noms et adjectifs ont la **même forme au féminin et au masculin**. Seul le déterminant change.

Ex. : *un élève tranquille → une élève tranquille*.

7. Noms masculins ou féminins ? Ajoutez l'article indéfini qui convient.

...... aéroport • ...... apostrophe • ...... autoroute • ...... écritoire • ...... espèce • ...... oasis • ...... obélisque • ...... planisphère

LE MOT DU JOUR

Le mot ***amour*** est un mot masculin au singulier, mais féminin au pluriel.

Ex. : *un amour heureux* → *des amours heureuses*.

8. Entourez l'intrus dans chaque liste et expliquez ce qui fait de ce mot un intrus.

1. un escrimeur • un footballeur • un moniteur • un nageur • un skieur

L'intrus est ...., car ....

2. un adversaire • un collègue • un ennemi • un ministre • un partenaire

L'intrus est ...., car ....

3. allemand • américain • chinois • français • italien

L'intrus est ...., car ....

4. épine • feuille • fleur • pétale • tige

L'intrus est ...., car ....

9. Ces mots existent au masculin et au féminin. Utilisez chacun d'eux dans une phrase ou une expression mettant en valeur son genre.

1. manche

féminin : ....

masculin : ....

2. mousse

féminin : ....

masculin : ....

3. tour

féminin : ....

masculin : ....

4. vase

féminin : ....

masculin : ....

5. voile

féminin : ....

masculin : ....

S'EXPRIMER • Raconter une course

10. L'étrangère lance un défi à Galshan : laquelle des deux sera la plus rapide sur son cheval ? Galshan remonte sur Tête-Noire, sa jument. Racontez la course et la victoire de l'une des deux jeunes femmes. Vous soulignerez les mots féminins que vous avez employés.

MINI-LIENS

activités complémentaires : **minilienrobert.com/1F6033** exercices interactifs : **minilienrobert.com/1F6034**

25. Former le pluriel des noms et des adjectifs

→ Raconter une rencontre avec un monstre

OBSERVER

Elles étaient là toutes les trois, assises. Très vieilles, si vieilles que leur nom surgit dans la mémoire de Persée : les **sœurs** des **Gorgones** ! Leurs longs **cheveux** gris encadraient leur visage ridé ; sous la peau parcheminée, leurs **os** saillaient, mais le plus inquiétant était qu'elles n'avaient pas de regard ! Persée observa leur visage éteint, leur bouche édentée…

Hélène Montardre, *Persée et le regard de pierre*, 2007.

1. **Dans les deux premières phrases, soulignez les adjectifs qui s'accordent avec « les sœurs des Gorgones ». Quelle est la marque de leur accord ?**

2. **Quel est le point commun aux noms en gras ?**

....

Lequel se distingue des autres ? ....

3. **Réécrivez les GN soulignés au pluriel.**

1. ....

2. ....

APPRENDRE ET S'EXERCER

• Le *s* est la marque du **pluriel** la plus fréquente pour les **noms** et les **adjectifs**.

• Certains mots ont un **pluriel en -*x*** :
– les mots se terminant par ***-au***, ***-eau*** ou ***-eu*** ;
Ex. : *un cheveu → des cheveux*.
Sauf quelques mots comme *bleu → bleus* ou *pneu → pneus*.
– les mots se terminant en ***-al*** ont un pluriel en ***-aux*** ;
Ex. : *un cheval → des chevaux*.
Sauf quelques mots comme *naval → navals* ou *festival → festivals*.
– six mots se terminant par ***-ail*** ont un pluriel en ***-aux*** : *bail*, *corail*, *émail*, *soupirail*, *travail*, *vitrail* ;
– sept mots se terminant par ***-ou*** ont un pluriel en ***-oux*** : *bijou*, *caillou*, *chou*, *genou*, *hibou*, *joujou*, *pou*.

• Les noms et les adjectifs qui se terminent par un ***s***, un ***x*** ou un ***z*** au singulier ne changent pas au pluriel : *un nez → des nez* ; *un os → des os* ; *une voix → des voix*.

4. **Entourez la bonne orthographe.**

des épouvantails / des épouvantaux • des travails / des travaux • des chous, des choux • des clous / des cloux

LE MOT DU JOUR

Un œuf → des œufs

À l'écrit, le pluriel du mot *œuf* est régulier, mais sa prononciation diffère à l'oral.

5. **Entourez l'intrus et justifiez votre réponse.**

1. un détail • un éventail • un portail • un rail • un vitrail

L'intrus est ...., car ....

2. un bisou • un caillou • un gnou • un kangourou • un trou

L'intrus est ...., car ....

....

3. un cheval • un journal • un mal • un régal • un total

L'intrus est ...., car ....

....

6. Classez les noms selon leur pluriel.

bambou • bois • champ • feu • fou • hibou • oiseau • prix • repas • riz • tableau • verrou

Ajout d'un *s*	Ajout d'un *x*	Pas d'ajout de lettre
....	....	....
....	....	....
....	....	....
....	....	....

7. Mettez au pluriel les groupes nominaux suivants.

- un bras vigoureux → ....
- un cheveu roux → ....
- un cou tordu → ....
- un genou rond → ....
- un long cil → ....
- un nez crochu → ....
- un œil bleu → ....
- une peau ridée → ....

8. Écrivez au singulier les groupes nominaux suivants.

- des animaux monstrueux → ....
- des cieux menaçants → ....
- des dieux grecs → ....
- des fils dévoués → ....
- des héros courageux → ....
- des lieux mystérieux → ....
- des matériaux naturels → ....
- des métaux précieux → ....

JOUONS AVEC LA LANGUE

9. METTEZ-VOUS AU DÉFI ! En moins d'une minute, trouvez le maximum de mots répondant à une règle du pluriel. Comptez un point par mot trouvé, retirez un point par erreur. Le gagnant est celui qui remporte le plus de points.

Défis :

- Trouvez le plus de mots s'écrivant de la même manière au singulier et au pluriel.
- Trouvez le plus de mots se terminant par ***-ail*** et n'ayant pas un pluriel en ***-aux***.
- Trouvez le plus de mots ayant un pluriel en ***-x***.
- Trouvez le plus de mots se terminant par ***-ou*** et ayant un pluriel en ***-ous***.

S'EXPRIMER • Raconter une rencontre avec un monstre

10. Décrivez les sœurs des Gorgones en utilisant les mots suivants au pluriel.

beau • un bijou • blanc • un cheveu • émail • épais • fatal • glacial • un nez • un œil • un sourcil

MINI-LIENS

activités complémentaires : **minilienrobert.com/1F6035**

exercices interactifs : **minilienrobert.com/1F6036**

BILAN 2 Fiches 19 à 25

Les lecteurs ont peut-être, dès sa première apparition, conservé quelque souvenir de cette Thénardier grande, blonde, rouge, grasse, charnue, carrée, énorme et agile; elle tenait, nous l'avons dit, de la race de ces sauvagesses colosses qui se cambrent dans les foires avec des pavés pendus à leur chevelure. Elle faisait tout dans le logis, les lits, les chambres, la lessive, la cuisine, la pluie, le beau temps, le diable. Elle avait pour tout domestique Cosette ; une souris au service d'un éléphant. Tout tremblait au son de sa voix, les vitres, les meubles et les gens. Son large visage, criblé de taches de rousseur, avait l'aspect d'une écumoire. Elle avait de la barbe. C'était l'idéal d'un fort de la halle[1] habillé en fille. Elle jurait splendidement ; elle se vantait de casser une noix d'un coup de poing. Sans les romans qu'elle avait lus, et qui, par moments, faisaient bizarrement reparaître la mijaurée[2] sous l'ogresse, jamais l'idée ne fût venue à personne de dire d'elle : c'est une femme. Cette Thénardier était comme le produit de la greffe d'une donzelle[3] sur une poissarde[4]. Quand on l'entendait parler, on disait : C'est un gendarme ; quand on la regardait boire, on disait : C'est un charretier ; quand on la voyait manier Cosette, on disait : C'est le bourreau. Au repos, il lui sortait de la bouche une dent.

Victor Hugo, *Les Misérables*, Deuxième partie, Livre troisième, chapitre II, 1862.

1. Fort de la halle, ou fort des Halles : manutentionnaire chargé de transporter les marchandises dans les Halles de Paris (grand marché approvisionnant la population parisienne au XIXe s.). **2. Mijaurée :** femme ou jeune fille prétentieuse et maniérée. **3. Donzelle :** synonyme de *mijaurée*. **4. Poissarde :** marchande des Halles, femme aux manières vulgaires et au langage grossier.

BILAN Niveau 1

1. Distinguez les deux noms propres utilisés dans le texte.

Le prénom : ....

Le patronyme : ....

2. a. Recopiez trois noms au singulier dans le texte qui ne changent pas de forme au pluriel.

....

b. Mettez au pluriel ces noms.

l'idéal (l. 14) : ....

le bourreau (l. 25) : ....

3. a. Recopiez les six noms masculins utilisés pour décrire la Thénardier.

....

....

b. Lesquels de ces noms masculins peuvent être mis et employés au féminin ? Écrivez ces féminins.

....

c. Entourez le suffixe qui distingue ces noms féminins de leur équivalent masculin.

sauvagesse • ogresse • poissarde

4. Entourez dans le texte deux articles indéfinis, deux articles définis, un déterminant démonstratif, tous les déterminants possessifs.

5. a. Dans la première phrase, soulignez les adjectifs épithètes du GN « cette Thénardier ».

b. Réécrivez ces adjectifs au masculin singulier, et entourez ceux qui sont semblables au masculin et au féminin. ....

....

6. Dans le GN « l'idéal d'un fort de la halle habillé en fille », justifiez l'accord de « habillé ».

....

7. « Quand on **l**'entendait », « quand on **la** regardait », « il **lui** sortait ».

Les mots en gras sont : ☐ des déterminants.

☐ des pronoms personnels.

BILAN Niveau 2

8. Faites l'exercice 2.

9. a. Recopiez les six noms féminins employés pour décrire la Thénardier.

....

....

b. Quels sont les trois noms féminins qui ont un équivalent masculin ? Écrivez ces masculins.

....

c. Recopiez les six noms masculins employés pour décrire la Thénardier.

....

d. Quels noms masculins peuvent être mis et employés au féminin ? Écrivez ces féminins.

....

....

10. Faites l'exercice 4.

11. « avec des pavés pendus à leur chevelure ». Réécrivez ce GN en mettant « pavés » au singulier et en remplaçant « chevelure » par « cheveux ».

....

....

12. a. Dans la première proposition (« Les lecteurs [...] agile »), encadrez le GN minimal.
b. Recopiez les deux GN enrichis. Entourez le nom noyau et analysez les expansions.

GN enrichi 1 : ....

....

GN enrichi 2 : ....

....

....

13. Surlignez les douze pronoms personnels qui remplacent « cette Thénardier ».

BILAN Niveau 3

14. Faites l'exercice 2.

15. Faites l'exercice 9.

16. Réécrivez ces GN en mettant le nom noyau au singulier ; attention aux accords.

a. « ces sauvagesses colosses qui se cambrent dans les foires avec des pavés pendus à leur chevelure »

....

....

....

b. « [...] les romans qu'elle avait lus, et qui, par moments, faisaient bizarrement reparaître la mijaurée sous l'ogresse »

....

....

....

17. Analysez les GN qui ont pour noyaux « souvenir » (l. 2), et « produit » (l. 21).

GN 1 : ....

....

....

GN 2 : ....

....

....

18. a. Soulignez dans le texte les articles définis.
b. Entourez en bleu les pronoms personnels sujets qui remplacent « cette Thénardier ».
c. Entourez en rouge les pronoms personnels compléments (directs ou indirects) qui remplacent « cette Thénardier ».

EXERCICES

1. a. Soulignez chaque nom du texte et entourez son déterminant éventuel.
b. Surlignez tous les adjectifs épithètes des noms en gras.

> Nous n'essaierons pas de donner au lecteur une idée de ce **nez** tétraèdre, de cette bouche en fer à cheval, de ce petit œil gauche obstrué d'un **sourcil** roux en broussailles tandis que l'œil droit disparaissait entièrement sous une énorme **verrue**, de ces **dents** désordonnées, ébréchées çà et là, comme les créneaux d'une forteresse, de cette **lèvre** calleuse sur laquelle une de ces dents empiétait comme la défense d'un éléphant, de ce **menton** fourchu, et surtout de la **physionomie** répandue sur tout cela, de ce mélange de malice, d'étonnement et de tristesse.
>
> Victor Hugo, *Notre-Dame de Paris*, 1831.

2. Au brouillon, réécrivez une partie du texte de l'exercice 1, de « ce nez » jusqu'à « verrue », en mettant tous les noms au pluriel.

3. Délimitez par des barres chaque CDN du nom « idée » puis placez entre crochets le GN qui a pour noyau le nom « idée » (texte de l'exercice 1).

PROJET 2. *Écrire un poème célébrant un commencement*

ÉTAPE 1 LIRE UNE POÉSIE

Celui qui entre par hasard dans la demeure d'un poète
Ne sait pas que les meubles ont pouvoir sur lui
Que chaque nœud du bois[1] renferme[2] davantage
De cris d'oiseaux que tout le cœur de la forêt
Il suffit qu'une lampe pose son cou de femme
À la tombée du soir contre un angle verni
Pour délivrer soudain mille peuples d'abeilles
Et l'odeur de pain frais des cerisiers fleuris
Car tel est le bonheur de cette solitude
Qu'une caresse toute plate de la main
Redonne à ces grands meubles noirs et taciturnes[3]
La légèreté d'un arbre dans le matin.

René Guy Cadou, *Hélène ou le Règne végétal*, 1951.

1. Nœud du bois : trace de forme circulaire, plus sombre et plus dure, visible dans le bois. Un meuble dont le bois comporte des nœuds est un meuble simple, rustique, car la présence de nœuds est considérée comme un défaut.
2. Renfermer : contenir en soi, garder secret.
3. Taciturne : silencieux.

1. Entourez dans le texte les noms d'objets familiers se trouvant dans la « demeure d'un poète ».

2. S'agit-il de beaux meubles ? Appuyez-vous sur la note 1 pour justifier votre réponse.

....

3. Soulignez dans le texte les mots et expressions renvoyant à la nature.

4. a. Quel est le « pouvoir » des meubles ? Répondez en expliquant bien le sens de l'expression « chaque nœud du bois renferme » et en vous appuyant sur la question 3.

....

b. Que ne peuvent pas faire les meubles ? Répondez en expliquant bien le sens de l'adjectif « taciturnes » (v. 11). ....

5. Expliquez l'aide que « la lampe [qui] pose son cou de femme » et « une caresse toute plate de la main » apportent aux meubles : ....

6. Cochez la case qui vous semble donner l'interprétation la plus juste du poème.

Si le poète est celui qui, dans sa demeure, allume la lampe et caresse les meubles, alors le poète est quelqu'un qui :

☐ est heureux seul dans sa maison et aime contempler son intérieur.
☐ est un créateur car il regarde et parle de façon neuve du monde et des choses.
☐ sait recréer la nature et la beauté secrètes du monde et des choses.

7. Si la « demeure d'un poète » est une image expliquant ce qu'est un poème :

a. qui sera alors « celui qui entre dans la demeure d'un poète » ? ....

b. Que pourra-t-il découvrir grâce au poème ? ....

....

ÉTAPE 2 AIGUISER SA SENSIBILITÉ

8. a. Observez le vocabulaire de la nature que vous avez souligné dans le poème de Cadou et classez les citations selon le sens qui est sollicité (notez les mots et les numéros des vers).

1. L'ouïe : ....
2. L'odorat : ....
3. La vue : ....

b. Choisissez un objet familier que vous aimez et imaginez à votre tour les sensations qu'il suscite en vous : odeur, son, vision, toucher, goût.

....

....

9. a. Voici la première strophe d'un célèbre poème d'Arthur Rimbaud.

Sensation

Par les soirs bleus d'été, j'irai dans les sentiers,
Picoté par les blés, fouler l'herbe menue :
Rêveur, j'en sentirai la fraîcheur à mes pieds.
Je laisserai le vent baigner ma tête nue.

1. Que souhaite faire le poète ? ....
2. Le titre est-il bien choisi ? ....
Quelle sensation domine ? ....
3. Soulignez tous les mots évoquant une sensation précise.

b. En prenant modèle sur le poème de Rimbaud, évoquez à votre tour une « sensation » de votre choix (visuelle, auditive, olfactive, tactile, gustative), dans un autre paysage et à un autre moment. Vous n'êtes pas obligé(e) de faire des rimes ni de respecter le nombre de syllabes.

Par les ...., j'irai ....,

....

Rêveur, ...

Je laisserai ....

ÉTAPE 3 CRÉER DES IMAGES POUR RECRÉER LE MONDE

10. Découvrir des images.

a. Découvrir la comparaison.

– Dans ces vers, soulignez les deux éléments qui sont rapprochés grâce à l'expression en gras.

« L'étoile aux cieux, **ainsi qu**'une fleur de lumière,
Ouvre et fait rayonner sa splendide fraîcheur. »
(Victor Hugo, *Les Contemplations*)

– D'après vous, quel est le point commun entre une étoile et une fleur ? ....

b. **Découvrir la métaphore.**

– Dans ce vers extrait du poème de Cadou, soulignez les deux éléments rapprochés.

« la lampe pose son cou de femme » (v. 5)

– Le rapprochement est-il introduit par une expression telle que *ainsi que*, *comme* ? ....

– Explicitez le point commun entre une lampe et un cou en complétant cette phrase.

Une lampe ressemble à un cou car la tige de la lampe a la même forme que .... et .... est comme une tête.

> **BOÎTE À OUTILS**
>
> La **comparaison** et la **métaphore** établissent une ressemblance entre deux réalités différentes : *une étoile et une fleur, une lampe et un cou.*
>
> La comparaison utilise un ou des mots de comparaison : *comme, pareil, sembler*, etc.
>
> La métaphore n'utilise pas de mots de comparaison.

c. **Découvrir la personnification.**

Dans le vers déjà étudié, « la lampe pose son cou de femme », la métaphore personnifie aussi la lampe, c'est-à-dire qu'elle la présente comme une personne.

– Recopiez deux autres passages du poème de Cadou qui sont des personnifications.

> **BOÎTE À OUTILS**
>
> La **personnification** transforme une chose inanimée (objet, élément naturel, idée) ou un animal en être humain.

....

– Dans ce vers, expliquez la personnification : sur quelle métaphore repose-t-elle ?

« Le ver luisant dans l'ombre erre avec son flambeau. » (Victor Hugo)

....

11. **Dans ces vers, qui évoquent la beauté du ciel ou d'un paysage, soulignez les images et identifiez le type d'image.**

« Le ciel sans teinte est constellé
D'astres pâles comme du lait » (Guillaume Apollinaire)

→ L'image utilisée est ....

« Viens au Mexique
Sur les hauts plateaux les tulipiers fleurissent
Les lianes tentaculaires sont la chevelure du soleil
On dirait la palette et le pinceau d'un peintre » (Blaise Cendras)

→ Les images utilisées sont .... et ....

12. **À votre tour, imaginez trois images différentes pour un ou plusieurs de ces éléments : la lune, le vent, la pluie, un oiseau, une bicyclette ou autre chose qui vous inspire.**

Comparaison : ....

....

Métaphore : ....

....

Personnification : ....

....

ÉTAPE 4 PRÉPARER L'ÉCRITURE

Vous allez écrire un poème célébrant un commencement, la naissance d'une chose ou d'un être. Vous pouvez utiliser des vers de longueurs variées, vous n'êtes pas obligé(e) de faire des rimes.

13. Que voulez-vous représenter ? Voici quelques suggestions : choisissez.

☐ L'aube (lever de soleil) ☐ Le crépuscule (coucher du soleil) ☐ La fabrication d'un objet ☐ La préparation d'un plat ☐ La naissance ☐ La croissance ☐ d'une plante ☐ d'un animal ☐ Une saison ☐ Les premiers instants d'un enfant ☐ Autre : ....

14. En fonction du sujet choisi, réfléchissez aux sensations que vous pourrez évoquer. Vous n'êtes pas obligé(e) d'utiliser les cinq sens.

☐ La vue : .... ☐ Le goût : ....

☐ L'ouïe : .... ☐ L'odorat : ....

☐ Le toucher : ....

15. Inventez des images que vous pourrez utiliser.

– Une comparaison : ....

– Une métaphore : ....

– Une personnification : ....

16. Au brouillon, dressez une liste de mots que vous pourrez utiliser. Par exemple, si vous voulez parler de la mer, construisez le champ lexical de la mer : *flot, vague, houle, écume, mugir, fracas*, etc.

ÉTAPE 5 ÉCRIRE LE POÈME

BILAN *Écrire un poème célébrant un commencement*

J'ai appris : ....
....
....
....

J'ai bien aimé : ....
....
....
....

Je maîtrise : ....
....
....
....

J'ai encore du mal à : ....
....
....
....

26. *La phrase verbale et la phrase non verbale*

→ **Exprimer des sentiments variés**

OBSERVER

1. À quelle classe grammaticale appartiennent les mots en gras ?

....

2. Est-ce que Un aime le ping-pong ? Soulignez la réplique qui répond à la question. Reformulez-la en formant une phrase contenant un verbe conjugué.

....

UN. – **Taping !**
DEUX. – **Tapong !**... Est-ce que vous aimez...
UN. – Taping !... Le ping-pong ?
DEUX. – Tapong ! Oui.
UN. – Taping ! Et comment !
DEUX. – Tapong !
UN. – Taping ! Et vous ?
DEUX. – Tapong ! Pas moi.

Roland Dubillard, « Le ping-pong », *Les Diablogues*, 1975.

APPRENDRE ET S'EXERCER

• Une **phrase** commence par une **majuscule** et se termine par une **ponctuation forte** (**. ? !**).
Ex. : « *Aimez-vous le ping-pong* **?** » est une phrase. « *Oui*. » est une phrase.

• Une **phrase verbale** comprend au moins **un verbe conjugué** qui constitue son **noyau**.
Ex. : *Cette nouvelle me stupéfie*.

• Une **phrase non verbale** a pour **noyau** un **autre mot** qu'un verbe conjugué : un **pronom**, un **adjectif**, un **verbe à l'infinitif**, un **adverbe**, une **interjection**.
Ex. : *Quelle splendeur !* (nom) *Impressionnant !* (adjectif) *Vraiment !* (adverbe)
Les **phrases non verbales s'emploient surtout à l'oral**. Elles sont donc fréquentes dans les textes de théâtre. Elles marquent souvent un sentiment fort : surprise, admiration, etc.

3. Soulignez, parmi les deux phrases en gras, celle qui est une phrase non verbale. Puis, encadrez les phrases verbales dans l'ensemble du texte.

LE PRÉPOSÉ. – Entrez !
LE CLIENT. – Pardon, monsieur... C'est bien ici le bureau des renseignements ?
LE PRÉPOSÉ. – Ouin.
LE CLIENT. – Ah ! bon ! Très bien. Très bien... Précisément, je venais...
LE PRÉPOSÉ. – C'est pour des renseignements ?
LE CLIENT. – Oui ! oui ! Précisément, précisément. Je venais...
LE PRÉPOSÉ. – **Alors, attendez !**
LE CLIENT. – **Pardon, attendre quoi ?**
LE PRÉPOSÉ. – Attendez votre tour, attendez qu'on vous appelle !
LE CLIENT. – Mais... je suis seul !
LE PRÉPOSÉ. – C'est faux ! Nous sommes deux ! Tenez ! Voici votre numéro d'appel !

D'après Jean Tardieu, « Le guichet », *La Triple Mort du client*, 1987.

4. Soulignez le noyau de chaque phrase non verbale et reliez-le à sa classe grammaticale.

Prendre la première à droite. •	• nom
Quoi encore ? •	• adjectif
Un délice, ce gâteau ! •	• verbe à l'infinitif
Heureuse de vous revoir. •	• pronom

5. Transformez ces phrases non verbales en phrases verbales.

1. Boutique interdite aux animaux non tenus en laisse. → ....
2. Merci à vous ! → ....
3. Marée montante à 16 heures. → ....
4. Cette Agnès, quelle insolente ! → ....

6. Transformez ces phrases verbales en phrases non verbales.

1. Il faut obligatoirement faire demi-tour. → ....
2. Que cette surprise est agréable ! → ....
3. Notre équipe de hockey a remporté la victoire. → ....
4. La maison du maire de la ville a été cambriolée. → ....

JOUONS AVEC LA LANGUE

7. Edgar revient avec sa nouvelle coupe de cheveux pour faire une surprise à sa famille. Complétez les bulles en utilisant des phrases verbales et des phrases non verbales.

S'EXPRIMER • Exprimer la surprise

8. Voici un extrait d'une courte pièce de théâtre de Jean Tardieu intitulée *Finissez vos phrases !* Au brouillon, finissez les phrases. Soulignez celles qui sont restées des phrases non verbales.

MONSIEUR A, *avec chaleur* – Oh ! Chère amie. Quelle chance de vous...
MADAME B, *ravie* – Très heureuse, moi aussi. Très heureuse de... vraiment oui.
MONSIEUR A – Comment allez-vous, depuis que ?...
MADAME B, *très naturelle* – Depuis que ? Eh bien ! J'ai continué, vous savez, j'ai continué à...
MONSIEUR A – Comme c'est... ! Enfin, oui vraiment, je trouve que c'est...
MADAME B, *modeste* – Oh, n'exagérons rien !

Jean Tardieu, *Finissez vos phrases !*, *La Comédie du langage*, 1978.

MINI-LIENS
activités complémentaires : minilienrobert.com/1F6037
exercices interactifs : minilienrobert.com/1F6038

27. Le sujet et le verbe, leur accord

→ Raconter une métamorphose

OBSERVER

1. Soulignez le sujet de chaque verbe surligné.

2. Pour chaque verbe, précisez où se trouve son sujet :

juste avant • loin avant • juste après

❶ .... ❷ .... ❸ ....

❹ .... ❺ ....

Le chaudron ❶ bouillonnait, projetant de tous les côtés des étincelles semblables à des diamants. « Pourvu que la chose se soit noyée », ❷ songeait Harry. Puis soudain, les étincelles qui jaillissaient du chaudron ❸ s'éteignirent. Un panache de vapeur s'en ❹ échappa en formant un écran de fumée, et Harry, avec terreur, ❺ aperçut la silhouette sombre d'un homme grand et squelettique qui s'élevait lentement du chaudron.

D'après J. K. Rowling, *Harry Potter et la Coupe de feu*, 2000.

APPRENDRE ET S'EXERCER

• Le **verbe** s'accorde **en personne et en nombre** avec son **sujet**. Pour bien conjuguer le verbe, il faut donc bien identifier le sujet.

• On identifie le sujet en posant la question « qui est-ce qui ? » ou « qu'est-ce qui ? » + verbe.
Ex. : *Qui est-ce qui songeait ? C'est **Harry** qui songeait.* → *Harry* est le sujet de *songeait*.

• Le sujet est le plus souvent placé juste avant le verbe.
Ex. : ***Le chaudron** bouillonnait.*

• Mais le sujet peut aussi :
– **être éloigné du verbe** par un pronom, un GN, un adverbe, une proposition ;
Ex. : ***Harry**, avec terreur, aperçut la silhouette.*
– **paraître éloigné du verbe** par des expansions du nom noyau du GN sujet (épithète, complément du nom, proposition relative) ;
Ex. : *[**Un panache** de vapeur] s'en échappa.*
– **être placé après le verbe**.
Ex. : *Pourvu que la chose se soit noyée, songeait **Harry**.*

3. Reliez les éléments en gras aux verbes dont ils sont les sujets.

1. **Peter Parker**, avant qu'une araignée radioactive ne le morde, n'avait aucun pouvoir exceptionnel.
2. Il découvre peu à peu que **cette morsure** d'araignée le transforme.
3. Se développent en lui **les capacités** qu'ont les araignées.
4. **Le nom** qu'il se choisit lui-même est Spiderman.

• Si le sujet est un groupe nominal, le verbe s'accorde avec le nom noyau du GN.
Ex. : *Le **feu** de brindilles crépit<u>**e**</u>* : le groupe nominal *le feu de brindilles* est sujet du verbe *crépite*, le verbe *crépite* s'accorde avec le nom noyau du GN, *feu*.

4. Soulignez le GN sujet, entourez le nom noyau, puis accordez le verbe en le conjuguant au présent de l'indicatif.

1. Les héros de cette bande dessinée (*avoir*) .... des pouvoirs étonnants.
2. Certaines créatures de fiction, comme Hulk, (*se métamorphoser*) .... sous l'effet d'émotions puissantes.
3. Les costumes de Wonder Woman, de Spiderman ou de Batman (*porter*) .... tous un signe distinctif.

• **Sujet singulier ou nul → verbe au singulier**
- *personne, nul, aucun, rien* = **0** → verbe au singulier
- *chacun, chaque* = **1** → verbe au singulier
- *tout, la foule, le peuple* = ensemble collectif unique = **1** → verbe au singulier

• **Sujet pluriel → verbe au pluriel**
- sujet singulier + sujet singulier → verbe au pluriel
- *plusieurs, d'autres, certains, beaucoup, tous,* etc. → verbe au pluriel
- ***je*** ou ***nous*** + ***tu/vous/il/elle/ils/elles*** → **nous** : *Toi et moi aim<u>ons</u> les histoires de métamorphose.*
- ***tu*** ou ***vous*** + ***il/elle/ils/elles*** → **vous** : *Elle et toi aim<u>ez</u> les histoires de métamorphose.*

5. Conjuguez le verbe au présent de l'indicatif en l'accordant correctement avec son sujet.

1. Harry, Hermione et moi (*suivre*) .... des cours de sorcellerie à Poudlard.

2. Tout nous (*paraître*) .... merveilleux dans cette école.

3. Hermione nous a dit : « Harry et toi, Ron, (*être*) .... comme mes frères. »

4. Personne ne (*pouvoir*) .... rompre notre amitié ; elle nous (*lier*) .... à jamais tous trois.

6. Reliez chaque sujet au verbe conjugué de votre choix et expliquez l'accord.

Plusieurs personnages de la mythologie •	• est différente des autres.
Chaque métamorphose •	• sont transformés en végétaux.
La foule de passants •	• ont pris la forme d'animaux.
Zeus, Cygnus et Thétis •	• se change en un torrent humain.
Nul •	• a retrouvé sa taille d'origine.
Tout le monde •	• n'a plus jamais vu Écho.

7. Complétez les verbes avec les bonnes terminaisons.

1. Les étincelles qui jaillissai........ m'impressionnai........ .

2. La silhouette sombre de l'homme grand et squelettique qui s'élevai........ du chaudron me faisai........ de plus en plus peur.

3. C'est nous trois qui av........ raison et eux qui avai........ tort : la transformation s'était produite.

4. Toi qui pensai........ être le meilleur sorcier, tu as bien vu que c'était moi cette fois-ci qui l'étai........ .

BOÎTE À OUTILS

Quand le sujet est le pronom relatif ***qui***, le verbe s'accorde en personne et en nombre avec le mot que *qui* remplace (son antécédent) :

*C'est **moi** <u>qui</u> vien<u>s</u>.*

*C'est **nous** <u>qui</u> ven**ons**.*

• Quand le sujet est placé après le verbe, on parle de **sujet inversé**. Cela peut se produire :
- quand une phrase commence par **certains adverbes** ou des **compléments circonstanciels** ; Ex. : *Ainsi finit <u>ce conte</u>. Du chaudron jaillissaient <u>des étincelles</u>.*
- après des **paroles** ou des **pensées rapportées** au discours direct, pour indiquer qui parle ou pense ; Ex. : *« Pourvu que la chose se soit noyée », songeait <u>Harry</u>.*
- dans une **phrase interrogative**. Ex. : *Connaissez-<u>vous</u> cette histoire ?*

8. Placez les sujets suivants avant ou après les verbes. Quand deux solutions sont possibles, choisissez la plus élégante à l'écrit.

ces mythes • la peste • une créature étrange • mon frère

1. « Je préfère les histoires de superhéros ! » .... me disait toujours ....

2. D'où .... viennent .... ?

3. À cette époque .... apparut ....

• Dans une phrase interrogative, le sujet est parfois **redoublé par un pronom** : le nom ou le GN sujet est exprimé une première fois devant le verbe, puis il est repris par un pronom après le verbe.
Ex. : ***Ce conte** finit-**il** bien ? Comment **cette histoire** se termine-t-**elle** ?*

9. Modifiez ces questions en redoublant leur sujet.
Ex. : *Quand va cesser ce vacarme ? → Quand ce vacarme va-t-il cesser ?*

1. Comment parviennent ces jeunes sorciers à réussir ce tour ?

→ ....

2. De quel pouvoir exceptionnel fait preuve cette héroïne ?

→ ....

3. Quels succès remporte l'équipe des Quatre Fantastiques ?

→ ....

JOUONS AVEC LA LANGUE

10. POSEZ LA BONNE QUESTION ! Un élève choisit une créature (superhéros, animal ou autre) en laquelle il aimerait se transformer. Les autres élèves lui posent des questions pour la deviner, en plaçant correctement le sujet dans les phrases interrogatives.
Ex. : *Cette créature a-t-elle des griffes ? Quelle est sa taille ?*
Celui qui se trompe dans l'ordre des mots de la phrase interrogative ne reçoit pas de réponse. Le premier à deviner prend la place de son camarade et le jeu recommence.

S'EXPRIMER • Raconter une métamorphose

11. Poursuivez cette fable en vers ou en prose en décrivant la métamorphose de l'un des compagnons d'Ulysse. Vérifiez les accords sujet-verbe.

Circé, magicienne très puissante, transforme les compagnons d'Ulysse.
D'abord ils perdent la raison ;
Quelques moments après, leur corps et leur visage
Prennent l'air et les traits d'animaux différents :
Les voilà devenus ours, lions, éléphants.

Jean de La Fontaine, « Les Compagnons d'Ulysse », *Fables*, XII, 1, 1694.

MINI-LIENS
activités complémentaires : minilienrobert.com/1F6065
exercices interactifs : minilienrobert.com/1F6039

28. Le sujet et son attribut

→ Décrire la laideur

OBSERVER

1. Pourrait-on supprimer les mots surlignés ? ☐ Oui ☐ Non

2. Entourez les sujets des verbes soulignés. Qu'apportent les mots surlignés à ces sujets ?

3. Remplacez « Les acclamations » par « L'acclamation ». Que devez-vous modifier ? Pourquoi ?

Les acclamations furent unanimes[1]. On se précipita vers la chapelle. On en fit sortir en triomphe le bienheureux pape des fous. Mais c'est alors que la surprise et l'admiration furent à leur comble. La grimace était son visage. Ou plutôt toute sa personne était une grimace.

D'après Victor Hugo, *Notre-Dame de Paris*, 1831.

1. **Unanime :** du même avis.

APPRENDRE ET S'EXERCER

• L'**attribut du sujet** attribue au sujet une qualité, une caractéristique **par l'intermédiaire du verbe *être* ou d'un équivalent du verbe *être***.
Le verbe qui se trouve entre le sujet et l'attribut du sujet pourrait être remplacé par le signe =.
Ex. : *Toute sa personne était* ***une grimace*** → *Toute sa personne* (sujet) = ***grimace*** (attribut du sujet).

• L'attribut du sujet **ne peut pas être supprimé**, sinon la phrase n'est plus correcte ou change de sens.
Ex. : *Le public restait stupéfait.* → *Le public était stupéfait.* ≠ *Le public restait.* → *Le public ne partait pas.*

• L'attribut du sujet est souvent un **adjectif**, mais ce peut être aussi un **nom**, un **groupe nominal**, un **pronom**. Il faut veiller à **accorder** l'adjectif ou le pronom attribut en genre et en nombre avec le sujet.
Ex. : *Les acclamations furent unanimes.*

LE MOT DU JOUR

Le mot ***attribut*** vient du latin *attributum*, « chose attribuée », ce qui est propre ou particulier à une personne ou à une chose.

4. Entourez le sujet de chaque verbe souligné, puis complétez chaque phrase en utilisant l'adjectif indiqué entre parenthèses. Pensez à faire l'accord.

1. Lorsque l'ogre s'avance vers eux en faisant cette atroce grimace, les enfants ont l'air totalement (*apeuré*) .... **2.** Pourtant, cette petite fille ne paraît pas (*impressionné*) .... du tout. **3.** Au contraire, face au monstre qui s'approche, elle reste (*immobile*) .... et lui répond par des grimaces qui sont (*effrayant*) .... **4.** L'ogre semble (*déboussolé*) .... et s'échappe en courant.

5. Notez le numéro de l'attribut qui convient à chaque sujet.

a. L'ogre est ......
b. Les fils de l'ogre ont l'air ......
c. Ce monstre à plusieurs têtes s'appelle ......
d. Cette grimace paraît vraiment ......
e. Ces masques ne sont pas ......

1. de garçons hideux.
2. effrayante.
3. les nôtres.
4. gigantesque.
5. l'Hydre.

6. Complétez chaque phrase par l'adjectif qui convient.

orange • bleues • verts • rouge

1. Ses cheveux et ses lèvres paraissent ....
2. Son oreille droite et sa main gauche demeurent ....
3. Son visage devient .... de surprise.
4. Ses joues sont rondes et .... comme un ballon de basket.

BOÎTE À OUTILS

Sujet = **féminin** + **féminin**
→ L'attribut du sujet s'accorde au **féminin pluriel**.

Sujet = **masculin** + **féminin**
→ L'attribut s'accorde au **masculin pluriel**.

Certains adjectifs de couleur sont invariables car ce sont des noms utilisés comme des adjectifs (*marron*, *orange*, *ivoire*, *crème*, etc.).

• Les verbes qui introduisent un attribut du sujet sont appelés « **verbes attributifs** ». Les principaux verbes attributifs sont : ***être, sembler, paraître, passer pour, demeurer, devenir, s'appeler, avoir l'air, se nommer.***

7. Complétez chaque phrase avec l'un des verbes attributifs suivants conjugué au présent.

demeurer • devenir • être • sembler • s'appeler

1. Cette sorcière redoutable .... Malvina.
2. Ses gros yeux ronds .... toujours ouverts pour tout surveiller.
3. Le visage de la sorcière .... blême quand elle va lancer le mauvais sort.
4. Les animaux .... indifférents aux malédictions de la sorcière.
5. Les cris de la sorcière .... atrocement inhumains.

JOUONS AVEC LA LANGUE

8. MONSTRE, QUI ES-TU ? Choisissez un monstre de conte, mythe, roman ou film, sans dire son nom. Faites-le deviner aux autres élèves en le décrivant au moyen d'attributs du sujet.

Ex. : *Je suis très petit. Je suis très âgé. Mes yeux sont globuleux. Ma peau a l'air très ridée...*

S'EXPRIMER • Décrire la laideur

9. Imaginez un corps et un visage pour Gwynplaine et décrivez-le en utilisant le plus grand nombre possible d'attributs du sujet. Attention aux accords.

Gwynplaine était saltimbanque. Il se faisait voir en public. Pas d'effet comparable au sien. Il guérissait rien qu'en se montrant. Il était à éviter pour des gens en deuil, confus et forcés, s'ils l'apercevaient, de rire indécemment. Un jour le bourreau vint, et Gwynplaine le fit rire. On voyait Gwynplaine, on se tenait les côtes ; il parlait, on se roulait à terre. Il était le pôle opposé du chagrin.

Aussi était-il parvenu rapidement, dans les champs de foire et dans les carrefours, à une fort satisfaisante renommée d'homme horrible.

C'est en riant que Gwynplaine faisait rire.

D'après Victor Hugo, *L'homme qui rit*, 1869.

MINI-LIENS exercices interactifs : minilienrobert.com/1F6040

29. Les compléments essentiels du verbe

→ Raconter un combat inégal

OBSERVER

1. Peut-on supprimer ou facilement déplacer les groupes de mots surlignés ? ....

2. Soulignez les verbes placés devant ces groupes de mots.

3. Pourrait-on séparer ces verbes et ces groupes par une virgule ? ....

Derrière elle la chèvre entendit un bruit de feuilles. Elle se retourna et dans l'ombre elle vit deux oreilles courtes, toutes droites, avec deux yeux qui reluisaient… […]
L'une après l'autre, les étoiles s'éteignirent. Blanquette redoubla de coups de cornes, le loup de coups de dents… Une lueur pâle parut dans l'horizon…

D'après Alphonse Daudet, *Lettres de mon moulin*, 1869.

APPRENDRE ET S'EXERCER

• Le **complément d'objet** du verbe ne peut être ni supprimé ni déplacé : c'est pour cela qu'on l'appelle un **complément essentiel du verbe**.

• Le **complément d'objet** est **direct (COD)** lorsqu'il est construit **sans préposition**, directement.
Ex. : *La chèvre entendit (quoi ?)* ***un bruit de feuilles***.

• Le **complément d'objet** est **indirect (COI)** lorsqu'il est construit **avec une préposition.**
Ex. : *Blanquette redoubla (de quoi ?)* ***de coups de cornes***.

• **Un même verbe** peut être complété par **deux compléments** : un COD et un COI.
Ex. : *Le loup donne (quoi ?)* ***des coups de dents*** *(à qui?)* ***à la chèvre***.

4. Cochez la bonne réponse.

	Vrai	Faux
1. La chèvre donne un dernier coup de corne.		
→ Le groupe souligné ne peut pas être supprimé, c'est un complément essentiel du verbe.	☐	☐
2. La chèvre résiste à son ennemi le loup.		
→ Le groupe souligné est introduit par une préposition.	☐	☐
→ Le groupe souligné n'est pas un complément essentiel du verbe.	☐	☐
→ Le groupe souligné est le COI du verbe *résiste*.	☐	☐

5. Pour chaque complément essentiel souligné, dites s'il s'agit d'un COD ou d'un COI en entourant la bonne réponse. Précisez le verbe qui est complété.

1. Des huit bras de la pieuvre, trois adhéraient à la roche (COD / COI du verbe ....), cinq adhéraient à Gilliatt (COD / COI du verbe ....). **2.** De cette façon, cramponnée d'un côté au granit, de l'autre à l'homme, elle enchaînait Gilliatt (COD / COI du verbe ....) au rocher (COD / COI du verbe ....).
3. La pieuvre étoufferait-elle Gilliatt (COD / COI du verbe ....) ? Gilliatt se dégagerait-il des bras de la pieuvre (COD / COI du verbe ....) ?

BOÎTE À OUTILS

Attention !
Certains articles dits « **contractés** » réunissent une préposition + un article : ***au*** (= ~~à le~~), ***aux*** (= ~~à les~~), ***du*** (= ~~de le~~), ***des*** (= ~~de les~~).
Dans ce cas, ils introduisent un **COI** et non un COD.

6. Aidez Maître Yoda à rétablir l'ordre habituel des mots en reformulant chaque phrase selon le schéma : sujet + verbe + groupe de mots complément d'objet du verbe.

1. Aucune patience cet enfant n'a ! → ....

2. À vos intuitions vous fier il faut. → ....

3. Le côté obscur de la force redouter tu dois. → ....

4. Le combattre tu peux. → ....

• **Le pronom personnel complément peut changer de forme selon qu'il est COD ou COI.**

Pronoms personnels COD	Pronoms personnels COI
me, te, le, la,	Sans préposition : *me, te, lui, en, nous, vous, leur*
nous, vous, les	Après préposition : *à / de + moi, toi, lui, elle, nous, vous, eux, elles*

Ex. : *Le loup menace l'agneau, se saisit de l'agneau, fait violence à l'agneau.*
→ *Le loup **le** menace, se saisit de **lui** / s'**en** saisit, **lui** fait violence.*

• Le pronom personnel complément employé sans préposition a une **place fixe** dans la phrase :
- juste avant le verbe : *il **le lui** donne ; **le lui** donne-t-il ?*
- juste après un verbe à l'impératif : *donne-**le**-**lui** !*

7. Dites si les pronoms personnels en couleur sont COD ou COI.

[...] On **me** **l'**a dit : il faut que je me venge. me = ... l' = ...
Là-dessus, au fond des forêts
Le loup **l'**emporte et puis **le** mange, l' = ... le = ...
Sans autre forme de procès.

Jean de La Fontaine, « Le loup et l'agneau », *Fables*, I, 10, 1668.

8. Composez au brouillon trois phrases en utilisant une fois chacun des éléments suivants. Dans les phrases obtenues, soulignez les COD en rouge et les COI en vert.

l'agneau • le loup • l' • donne • des explications • n'écoute pas • l'animal • demande • la pitié • lui

9. Réécrivez ces phrases en remplaçant les COD ou les COI soulignés par les pronoms personnels adéquats. Placez-les correctement !

1. Eurysthée ordonne <u>à Hercule</u> <u>des travaux</u>.
→ Eurysthée ....

2. Eurysthée exige <u>d'Hercule</u> : « Dompte <u>le taureau de Crète</u>. »
→ ....

3. Hercule soumet <u>les cavales</u> en donnant <u>aux cavales</u> <u>leur propre maître</u> en pâture.
→ ....

4. L'Hydre de Lerne possédait plusieurs <u>têtes</u> et Hercule tranche <u>à l'Hydre</u> toutes <u>ses têtes</u>.
→ ....

Le CO peut appartenir à d'autres classes grammaticales que nom, GN ou pronom.
- Groupe infinitif : *L'agneau a cru <u>pouvoir se défendre du loup.</u>*
- Toute une proposition : *Le loup dit <u>qu'il doit se venger de l'agneau.</u>*

10. Indiquez la catégorie grammaticale des compléments soulignés.

1. Le loup affirme que l'agneau trouble son eau (a). a = ...
2. Il ne rougit pas de mentir (b). b = ...
3. L'agneau lui (c) oppose des arguments sensés (d). c = ... d = ...

11. Surlignez les compléments d'objet des verbes qui sont en gras, puis recopiez-les sur la bonne ligne.

Robinson était certain qu'on ne **pouvait** le voir de la plage, sinon il aurait pu **croire** que l'Indien l'**avait aperçu**. Il **devait** prendre une décision. Robinson se rua sur le chien et lui **serra** le museau dans sa main gauche. Il **épaula** de la main gauche son fusil. Il **visa** au milieu de la poitrine le premier poursuivant qui n'était plus qu'à trente mètres et **pressa** la détente. À quelques mètres de là, l'Indien rescapé s'inclinait devant Robinson pour **marquer** sa reconnaissance à cet inconnu qui lui **avait sauvé** la vie.

D'après Michel Tournier, *Vendredi ou la Vie sauvage*, 1971.

COD nom ou groupe nominal : ....

COD pronom : ....

COD proposition : ....

COD infinitif : ....

COI nom ou groupe nominal : ....

COI pronom : ....

12. Accordez ou non les participes passés.

1. Le chat a attrap.... les souris, il les a trouv..... à son goût.
2. Cette petite créature, l'ogre ne l'a pas appréci.... .
3. Hercule semblait moins fort que l'Hydre de Lerne et que le taureau de Crète, pourtant il les a terrass..... .
4. Les juments ont dévor...... leur maître qui les avait habitu...... à manger de la chair humaine.

BOÎTE À OUTILS

Le **participe passé employé avec l'auxiliaire *avoir*** s'accorde en genre et en nombre avec le COD lorsque celui-ci est placé avant l'auxiliaire.

Ex. : *La chèvre n'a pas pu vaincre le loup. Il **l'**a dévorée.*

S'EXPRIMER • Raconter un combat inégal

13. En quelques lignes, racontez un combat entre deux adversaires de votre choix, dont l'un est bien plus faible que l'autre. Utilisez obligatoirement les verbes suivants, dans l'ordre que vous voudrez. Vous soulignerez les compléments d'objet de ces verbes.

affronter • attaquer • redoubler • donner • poursuivre • succomber

MINI-LIENS exercices interactifs : **minilienrobert.com/1F6042**

30. Les compléments de phrase (temps, lieu, manière, moyen)

→ Raconter la recherche d'un trésor

OBSERVER

Un trésor reste <u>longtemps</u> enfoui. Un beau jour, quelqu'un découvre de façon inattendue un vieux papier jauni qui contient toutes les indications pour trouver les repères.
D'après Mark Twain, *Les Aventures de Tom Sawyer*, 1876.

1. **Reformulez la première phrase en déplaçant le mot souligné, puis en le supprimant : les deux phrases obtenues sont-elles correctes ?** ....

2. **Dans la deuxième phrase, soulignez les groupes de mots que vous pourriez placer entre virgules, après le sujet « quelqu'un » et avant le verbe « découvre ».**

APPRENDRE ET S'EXERCER

• Le **complément de phrase** est **facultatif** : il **enrichit** la phrase, mais il n'est pas indispensable, contrairement au complément du verbe. On peut le **supprimer** et le **déplacer**.
– **Déplacement** : *Un trésor reste* ***longtemps*** *enfoui. /* ***Longtemps****, un trésor reste enfoui. /*
Un trésor reste enfoui ***longtemps****.*
– **Suppression** : *Un trésor reste ~~longtemps~~ enfoui.*

• Dans une même phrase, on peut **multiplier** librement les compléments de phrase.
Ex. : ***Un jour****, quelqu'un découvre* ***de façon inattendue****,* ***dans une vieille malle****, un vieux papier.*

3. **Faites le bon choix ! Entourez la bonne réponse.**

1. Tom connaît bien <u>la maison hantée</u>.
• *la maison hantée* **peut / ne peut pas** être supprimé ou déplacé.
• C'est un complément de phrase. • C'est un complément du verbe.

2. Tom s'amuse bien <u>dans la maison hantée</u>.
• *dans la maison hantée* **peut / ne peut pas** être supprimé ou déplacé.
• C'est un complément de phrase. • C'est un complément du verbe.

4. **Enrichissez de deux façons différentes la phrase donnée, en ajoutant au moins trois compléments de phrase.**
→ **phrase à enrichir** : J'ai caché un trésor.
→ **compléments de phrase** : sous le plancher • dans une maison abandonnée • par une sombre nuit • en m'éclairant à la bougie • secrètement

Phrase 1 : ....

Phrase 2 : ....

Les classes grammaticales des compléments de phrase :
– **GN ou GN prépositionnel** : *<u>La nuit</u> / <u>Pendant la nuit</u>, il creuse un trou.*
– **adverbe** : *Il transporte <u>silencieusement</u> son trésor.*
– **gérondif** : *Il cache son trésor <u>en l'enfouissant</u>.*
– **proposition subordonnée** : *<u>Dès qu'il fera nuit</u>, il ira enterrer son trésor.*

5. Identifiez la classe grammaticale des compléments de phrase en gras.

1. J'aimerais explorer **un jour** le grenier. ....

2. **En cherchant bien**, je suis sûre qu'on découvrira des trésors oubliés. ....

3. J'irai au grenier **quand je serai seule**. ....

4. **Demain** (1), **en cachette** (2), je prendrai la clef. (1) .... (2) ....

• Les compléments de phrase sont aussi appelés **compléments circonstanciels (CC)**, car ils précisent les circonstances de l'action ou de l'état exprimé(e) par le verbe : **temps**, **lieu**, **manière**, **moyen**, etc.

6. Parmi les mots ou groupes de mots soulignés, entourez ceux qui sont compléments circonstanciels et indiquez la circonstance qu'ils précisent : lieu, temps ou manière.

1. Tom ne s'effraie pas <u>de l'orage</u> ; <u>pendant l'orage</u>, il s'abrite. ....

2. L'orage dure <u>longtemps</u> mais Tom a <u>tout son temps</u> ! ....

3. Tom ne perd pas <u>patience</u> et attend <u>avec patience</u>. ....

7. Classez les compléments en gras dans le tableau en fonction de la question à laquelle ils répondent et complétez la dernière ligne.

1. Tom imagine **souvent** des aventures **en s'inspirant de ses lectures**.
2. **Pour l'instant**, il raconte **avec beaucoup de détails** des histoires de trésor.
3. Il cherche **soigneusement** une cachette **dans le jardin**, **dans le plus grand secret**.
4. **Toutes les nuits**, il se lève et **avec une pelle** creuse un trou **au pied d'un arbre**.

Quand ?	Où ?	De quelle manière ?	Par quel moyen ?
....	....	....	....
....	....	....	....
....	....	....	....
CC de	CC de	CC de	CC de ....

8. Soulignez dans chaque phrase le complément circonstanciel demandé.

Une même préposition peut introduire des compléments de sens différents !

1. (*CC de lieu*) De nuit, il aperçut de sa fenêtre la silhouette de quelqu'un.

2. (*CC de moyen*) Il est retourné à la maison, à bicyclette, à toute vitesse.

3. (*CC de manière*) En pleine nuit, en peu de temps, il ouvrit le coffre en silence.

4. (*CC de temps*) Par prudence, il évite de passer par la forêt par nuit de pleine lune.

9. Après chaque préposition, inventez d'abord un CC de lieu, puis un CC de temps.

1. a. Vers ...., il découvrit le trésor.

b. Vers ...., il découvrit le trésor.

2. a. Dans ...., nous pourrons trouver ce que nous cherchons.

b. Dans ...., nous pourrons trouver ce que nous cherchons.

3. a. À ...., il est difficile d'ouvrir un coffre-fort.

b. À ...., il est difficile d'ouvrir un coffre-fort.

10. a. Indiquez, pour chaque phrase, si le CC de temps souligné indique un moment précis, une répétition ou une durée.

b. Remplacez le groupe nominal CC de temps par une proposition subordonnée de sens équivalent.

Ex. : **a.** *Dans son enfance (durée), il lisait des romans d'aventures.*
b. *Quand il était enfant, il lisait des romans d'aventures.*

1. a. Toutes les nuits de pleine lune (...........................), l'ombre de la statue indique la direction du trésor.

b. Chaque fois que ....

2. a. À minuit (...........................), on pourra découvrir l'endroit précis où le coffre a été enterré.

b. Lorsque ....

3. a. Pendant sa sieste (...........................), il a rêvé d'une île au trésor.

b. Pendant qu'il ....

BOÎTE À OUTILS

Le complément circonstanciel de temps peut exprimer un **moment précis** (quand ? → *à treize heures, en 2000*), une **répétition** (à quelle fréquence ? → *plusieurs fois, toujours*) ou une **durée** (combien de temps ? → *pendant deux jours, en deux minutes*).

JOUONS AVEC LA LANGUE

11. À l'oral, enrichissez ces phrases en précisant certaines circonstances : ajoutez-leur un CC de temps, un CC de lieu, un CC de manière, un CC de moyen. Variez les classes grammaticales des CC.

J'ai trouvé un coffre rempli de diamants et de rubis.
Je pars à la recherche de la caverne secrète.
Nous avons découvert une carte au trésor.

S'EXPRIMER • Raconter la recherche d'un trésor

12. Rédigez le récit de votre découverte du trésor en respectant les indications données. Utilisez de nombreux compléments circonstanciels de temps, de lieu, de manière et de moyen.

Les lingots d'argent sont dans la cache nord. Elle se trouve dans la direction du mamelon est, à dix brasses au sud du rocher noir qui lui fait face. On trouvera sans peine les armes, dans la dune de sable, à l'extrémité N. du cap de la baie nord, direction E. quart N.

D'après Robert Louis Stevenson, *L'Île au trésor*, 1881.

MINI-LIENS
activités complémentaires : minilienrobert.com/1F6074
exercices interactifs : minilienrobert.com/1F6075

31. *Les types de phrase*

→ Imaginer un court dialogue entre deux amis

OBSERVER

1. Numérotez les trois phrases de ce texte et entourez le signe de ponctuation par lequel chacune se finit.

2. Quelle phrase sert à donner une information ? ...... Laquelle sert à poser une question ? ...... Laquelle énonce une action à accomplir ? ......

Deux jeunes Anglais, Briant et Doniphan, se retrouvent seuls sur un navire avec le mousse Moko et affrontent une tempête.

« Tu n'es pas blessé, Moko ?

–Non, Monsieur Briant, répondit le mousse. Surtout, tâchons de maintenir le yacht debout aux lames, ou nous risquerions de couler à pic ! »

Jules Verne, *Deux ans de vacances*, 1888.

APPRENDRE ET S'EXERCER

• La phrase **déclarative** sert à exposer un **fait**. Elle se termine par un point.
Ex. : *Non, Monsieur Briant, répondit le mousse.*

• La phrase **interrogative** sert à poser une **question**. Elle se termine par un point d'interrogation.
Ex. : *Tu n'es pas blessé, Moko ?*

• La phrase **impérative ou injonctive** sert à donner un **ordre** ou un **conseil**. Elle est d'ordinaire à l'impératif présent et se termine souvent par un point d'exclamation.
Ex. : *Tâchons de maintenir le yacht debout !*

• La phrase **exclamative** exprime un sentiment fort. Elle se termine par un point d'exclamation.
Ex. : *Quelle tempête ! Hélas, on risque le naufrage !*

3. Cochez la bonne case.

	Vrai	Faux
1. « Les enfants sont seuls sur le yacht. » est une phrase déclarative.	☐	☐
2. « Ne partez pas seuls en mer ! » est une phrase injonctive.	☐	☐

4. Identifiez le type de chaque phrase dans le texte suivant : déclarative (D), injonctive (INJ) ou interrogative (INT).

1. Le fils du directeur vient me prendre quelquefois pour jouer. **2.** Il y a un jardin derrière l'école, avec une balançoire et un trapèze. **3.** Je regarde avec admiration ce trapèze et cette balançoire ; seulement il m'est défendu d'y monter. **4.** Pourquoi me priver d'une joie ? **5.** Suis-je donc plus cassant que mes camarades ? **6.** Ai-je été recollé comme un saladier ?

Jules Vallès, *L'Enfant*, 1878.

1. ....
2. ....
3. ....
4. ....
5. ....
6. ....

5. Dites si les phrases suivantes sont exclamatives (E) ou injonctives (INJ).

1. N'oubliez pas notre rendez-vous ! ......
2. Quelle drôle d'idée vous avez là ! ......
3. Vos livres de classe, prenez-en soin ! ......
4. Vous me prenez pour un idiot ! ......
5. Comme la mer est belle ! ......
6. Ayez toujours mes conseils présents à l'esprit ! ......

6. Transformez les phrases déclaratives en phrases injonctives et inversement.

1. Tu es vigilant. → ....

2. Tu t'occupes de tes amis. → ....

3. Sois bien à l'heure. → ....

4. Vous savez votre leçon par cœur. → ....

5. Ayons de la patience avec lui. → ....

7. Posez des questions correspondant aux réponses suivantes.

1. À quatre heures. ← ....

2. Jusqu'à Paris. ← ....

3. Hélas, je n'ai qu'un euro. ← ....

4. Non, je ne l'ai pas encore lu. ← ....

5. Parce que je n'en ai pas eu le temps. ← ....

8. Dictée préparée

Découverte d'un refuge

En écartant les broussailles, il aperçut une étroite ouverture.
« Y a-t-il donc là une caverne ? s'écria-t-il en reculant de quelques pas.
– C'est probable, répondit Doniphan. Mais qu'y a-t-il dans cette caverne ?
– Nous le saurons ! » dit Briant.
Et, avec sa hache, il se mit à tailler largement dans les branchages qui obstruaient l'orifice. Cependant, en prêtant l'oreille, on n'entendait aucun bruit suspect…
« Voyons d'abord ce que Phann va faire ! »
Le chien laissait toujours échapper de sourds aboiements qui n'étaient pas faits pour rassurer.

Jules Verne, *Deux ans de vacances*, 1888.

1. Entourez en rouge le signe de ponctuation qui termine les phrases interrogatives, en bleu le signe qui termine les phrases exclamatives et en vert celui qui termine les phrases exclamatives ou injonctives.
2. Justifiez la terminaison de « obstruaient » et de « étaient ».
3. Justifiez la terminaison de « échapper » et de « rassurer ».
4. Pourquoi « quelques » prend-il un s ?
5. Observez et apprenez ces mots : *obstruer, orifice, suspect, aboiement.*

S'EXPRIMER • Imaginer un court dialogue entre deux amis

9. Deux amis se rencontrent et discutent de ce qu'ils vont faire (aller au cinéma, construire une cabane, partir quelque part, etc.). Imaginez leur dialogue. Vous utiliserez les quatre types de phrase et les soulignerez de quatre couleurs différentes, que vous légenderez. En prenant modèle sur la dictée, vous donnerez à votre texte une disposition correcte.

MINI-LIENS
activités complémentaires : minilienrobert.com/1F6080
exercices interactifs : minilienrobert.com/1F6044

32. La phrase affirmative et la phrase négative

→ Expliquer son point de vue

OBSERVER

1. **Relevez, au début du texte, une phrase qui pose une question sous une forme négative.**

2. **Dans une des phrases du dialogue, il manque une partie de la négation. Réécrivez-la.**

....

....

UN. – Quoi, quoi… Il n'était pas sourd, Beethoven ?
DEUX. – Si. […] Mais c'est pas ce qui l'empêchait d'écrire.
UN. – Justement ! C'est ça qui est extraordinaire !
DEUX. – Extraordinaire ! Mais mon pauvre ami, moi qui vous parle, quand il faut que j'écrive, vous savez ce que je fais ?
UN. – Non.
DEUX. – Je me bouche les oreilles. Pour ne pas entendre les autos.

Roland Dubillard, *Les Diablogues*, 1975.

APPRENDRE ET S'EXERCER

→ 28 p. 73

• Une phrase peut être :
– à la forme **affirmative** ; Ex. : *Je me bouche les oreilles.*
– à la forme **négative**. Ex. : *Je ne me bouche pas les oreilles.*

• Tous les types de phrase peuvent être à la forme affirmative ou à la forme négative.
Ex. : « *Il n'était pas sourd, Beethoven ?* » est une phrase de type interrogatif à la forme négative.

3. **Surlignez les phrases affirmatives en bleu, les phrases négatives en rouge.**

MME SMITH. – Les souris ont des sourcils. Les sourcils n'ont pas de souris.
MME MARTIN. – Touche pas ma babouche !
M. MARTIN. – Bouge pas la babouche !
M. SMITH. – Touche la mouche. Mouche pas la touche.
MME MARTIN. – La mouche bouge.

Eugène Ionesco, *La Cantatrice chauve*, 1950.

BOÎTE À OUTILS

Dans une phrase négative, les articles *un*, *une*, *des*, *du*, *de la* sont remplacés par ***de***.

4. **Mettez les phrases suivantes à la forme négative en conservant le type de phrase.**

1. Vous avez défendu vos idées. → ....

2. Soutiendrez-vous ce point de vue ? → ....

3. Prenez la parole. → ....

4. Vous avez des arguments convaincants ! → ....

• La négation **simple** comporte deux éléments : *ne… pas, ne… rien, ne… plus, ne… personne…*

• La négation **double** comporte trois éléments : *ne… ni… ni, ne… pas… ni*

5. **Les négations dans les phrases suivantes sont-elles simples (NS) ou doubles (ND) ?**

1. Certains enfants n'ont ni livres ni cahiers pour apprendre. (.........) **2.** Ils n'ont pas de maître ni de répétiteur non plus. (.........) **3.** Personne dans leur famille ne peut les aider. (.........) **4.** Ils ne peuvent compter sur rien d'autre que leurs capacités personnelles et leur volonté. (.........)

6. Corrigez les phrases suivantes.

1. On a pas envie. → ....

2. Elle n'a pas oublié sa trousse et sa règle. → ....

3. Personne n'est pas venu. → ....

4. Il ne boit jamais du vin. → ....

- La négation **totale** porte sur toute la phrase. Ex. : *La salle rit.* → *La salle* ***ne*** *rit* ***pas****.*
- La négation **partielle** porte sur un élément de la phrase :
Ex. : ***Quelqu'un*** *rit. /* ***Tous*** *rient.* → ***Personne ne*** *rit.*
Elle rit ***encore****.* → *Elle* ***ne*** *rit* ***plus****. Lui* ***aussi*** *rit.* → *Lui* ***non plus ne*** *rit* ***pas****.*
- La **négation restrictive** ***ne... que*** porte sur les éléments après le verbe. Elle signifie *seulement, uniquement*. Ex. : *Je* ***n'****aime* ***que*** *les comédies. = J'aime* ***uniquement*** *les comédies.*

7. Distinguez, dans ces couples de phrases, la négation totale (T), partielle (P), restrictive (R).

1. Jamais je ne lui accorderai la permission. (......) / Il n'aura pas ma permission. (......)

2. Je ne trouve qu'une solution. (......) / Il n'y a guère de solution. (......)

3. Ce qu'il écrit n'est pas toujours correct. (......) / Il n'écrit pas correctement. (......)

8. Reliez ces expressions de négation partielle à ce qu'elles nient. Une même négation peut nier deux expressions.

ne... nulle part • ne... rien • ne... jamais • ne... guère • ne... pas encore

quelquefois • déjà • quelque part • toujours • quelque chose • beaucoup • tout • partout

9. Formez la phrase négative niant chaque phrase affirmative.

1. Ce jeu amuse-t-il les gens ? → ....

2. Ce jeu amuse beaucoup les gens. → ....

3. Ce jeu amuse souvent les gens. → ....

4. On peut aussi y jouer tout seul. → ....

5. Tous tentent leur chance. → ....

6. Quelqu'un gagnera le gros lot. → ....

7. On peut toujours gagner quelque chose. → ....

8. Il y a encore quelque chose à gagner ! → ....

S'EXPRIMER • Expliquer son point de vue

10. Écrivez un monologue de quelques lignes pour expliquer pourquoi vous aimez tel ou tel jeu ou non. Vous devrez employer au moins deux phrases négatives, que vous soulignerez.

MINI-LIENS
activités complémentaires : minilienrobert.com/1F6045 : exercices interactifs : minilienrobert.com/1F6046

33. La proposition, la phrase simple, la phrase complexe

→ Raconter une rencontre dans un conte

OBSERVER

1. Soulignez les verbes conjugués dans ces trois phrases.

2. Quelle phrase ne contient qu'un verbe conjugué ? ....

3. Dans la troisième phrase, si l'on met un point après « personne », le passage souligné constitue-t-il une phrase correcte ? ....

❶ Un matin, un beau jeune homme traversait la forêt. ❷ Le soleil brillait, les oiseaux chantaient, un vent frais soufflait dans le feuillage et le jeune homme était joyeux et en belle humeur. ❸ Il n'avait encore rencontré personne, quand tout à coup il aperçut la vieille sorcière accroupie sur ses genoux et coupant de l'herbe avec sa faucille.

Frères Grimm, *La Gardeuse d'oies près de la fontaine*, 1843.

APPRENDRE ET S'EXERCER

- Une **proposition** est formée d'un verbe conjugué, de son sujet et de compléments éventuels.
- Une **phrase simple** contient un seul verbe conjugué, donc une seule proposition, comme la première phrase du texte.
- Une **phrase complexe** contient plusieurs verbes conjugués, donc plusieurs propositions, comme la deuxième et la troisième phrase du texte.

4. a. Indiquez le nombre de phrases du texte : ....

b. Surlignez chaque verbe conjugué, soulignez en bleu son sujet et en vert les compléments.

c. Séparez les propositions par un trait vertical et indiquez leur nombre : ....

Une vieille bonne femme vivait avec son troupeau d'oies dans les montagnes, et elle avait là une petite maison. Cette solitude était entourée d'une grande forêt, et chaque matin la vieille prenait sa béquille pour s'en aller au bois. (D'après les frères Grimm)

- **Une proposition peut être :**

– **indépendante** : • elle ne dépend d'aucune autre proposition et aucune proposition ne dépend d'elle ;

– **principale** : • elle introduit une proposition subordonnée ;

– **subordonnée** : • elle est introduite par une conjonction de subordination (ex. : *quand*) ou un pronom relatif (*qui*, *que*),
• elle dépend d'une principale ou d'une autre subordonnée.

Ex. : *Le soleil brillait, le jeune homme était joyeux. Il n'avait encore rencontré personne quand tout à coup il vit la sorcière.*

- Dans une phrase complexe, les **propositions situées sur un même plan** (deux indépendantes ou deux subordonnées) peuvent être :

– **juxtaposées** : elles sont séparées les unes des autres par un signe de ponctuation faible (**, ; :**) ;
Ex. : *Le soleil brillait, les oiseaux chantaient.*

– **coordonnées** : elles sont reliées les unes aux autres par une conjonction de coordination (*mais, ou, et, donc, or, ni, car*).

5. a. Dans ces phrases complexes, soulignez les verbes conjugués.
b. Ajoutez les signes de ponctuation qui manquent entre les propositions indépendantes juxtaposées.

1. La petite fille aux allumettes est assise sous un porche elle a froid elle brûle les allumettes pour se réchauffer.

2. Cendrillon danse avec le prince minuit sonne elle s'enfuit sans se retourner.

3. Les sœurs de Cendrillon essaient en vain de mettre la pantoufle elles s'écorchent le pied.

6. a. Dans ces phrases complexes, séparez les propositions par un trait.
b. Entourez le signe de ponctuation qui les sépare ou la conjonction de coordination qui les unit.
c. Indiquez sous les propositions si elles sont juxtaposées ou coordonnées.

1. Le loup arrive chez la grand-mère, ouvre la porte, se jette sur la vieille femme et la dévore.

2. Arrivée devant la maison des nains, la sorcière appelle Blanche-Neige et lui tend la pomme.

3. La Barbe-Bleue défend à sa femme d'aller dans le petit cabinet car il veut la tenter.

7. Soulignez la proposition principale et mettez entre crochets la proposition subordonnée. Entourez la conjonction de subordination.

1. Le roi est bien surpris quand il entend le chat parler.

2. La reine est jalouse de Blanche-Neige parce que la jeune fille est plus belle qu'elle.

3. Le roi ordonne qu'on laisse sa fille dormir pour cent ans.

4. Dès que le prince l'embrassa, la princesse s'éveilla.

> Le sujet de plusieurs verbes peut être exprimé une seule fois.
> Ex. : *Le loup arrive et frappe à la porte.*

8. Mettez entre crochets la proposition subordonnée relative et entourez le pronom relatif. Soulignez la proposition principale.

1. Le Petit Poucet sema des cailloux qui l'aideraient à retrouver son chemin.

2. Cendrillon, que ses sœurs haïssent, est traitée comme la servante de la maison.

3. La Belle au Bois dormant, à qui Carabosse a jeté un sort, s'est piquée avec sa quenouille.

4. La fée dont l'orgueil a été blessé cherche à se venger.

9. Réécrivez ces phrases en ajoutant les conjonctions de coordination qui manquent pour exprimer le rapport d'idées entre les propositions.

1. Le loup s'approche du Chaperon rouge : il a l'intention de la dévorer.

→ ....

2. Cendrillon voulait continuer à danser, minuit sonna.

→ ....

3. La fée aimait Cendrillon, elle changea la citrouille en carrosse pour le bal.

→ ....

10. Réécrivez chaque phrase pour remplacer le groupe nominal souligné par une proposition subordonnée.

Ex. : *Blanche-Neige doit s'enfuir dans la forêt à cause de la méchante reine.*
→ *Blanche-Neige doit s'enfuir dans la forêt* ***parce que la reine est méchante****.*

1. Dès la tombée de la nuit, les fées sortent de la forêt.
→ ....

2. Depuis l'hiver, les nains ne vont plus travailler dans la mine.
→ ....

3. Grincheux a bon cœur, en dépit de son mauvais caractère.
→ ....

11. Chacune des phrases suivantes est composée de deux propositions indépendantes juxtaposées. Faites-en une phrase complexe avec une subordonnée introduite par la conjonction *que*.

1. Je te le promets : tu seras la plus belle du royaume.
....

2. Vous avez, je crois, réussi à sauver la malheureuse petite fille.
....

3. Le roi l'annonce : il épousera celle qui pourra chausser la pantoufle de vair.
....

12. Dictée préparée

Le meunier et l'ondine

Comme il passait près de l'écluse de son moulin, le premier rayon du soleil commençait à poindre, et il entendit un peu de bruit dans l'étang. Il se retourna, et aperçut une belle femme qui s'élevait lentement du milieu de l'eau. Ses longs cheveux, qu'elle avait ramenés de ses mains délicates sur ses épaules, descendaient des deux côtés et couvraient son corps d'une éclatante blancheur. Il vit bien que c'était l'ondine de l'étang, et, tout effrayé, il ne savait s'il devait rester ou s'enfuir. Mais l'ondine fit entendre sa douce voix. Elle l'appela par son nom et lui demanda pourquoi il était si triste.

Frères Grimm, « L'ondine de l'étang », 1843.

1. Relevez dans le texte une phrase simple.
2. Relevez dans la deuxième phrase les différentes propositions et dites laquelle est indépendante, principale et subordonnée.
3. Expliquez l'accord des formes suivantes : *aperçut, ramenés, descendaient.*

S'EXPRIMER • Raconter une rencontre dans un conte

13. Un enfant rencontre une sorcière, une fée ou un personnage étrange. Écrivez cette rencontre. Votre texte contiendra au moins deux phrases complexes, que vous soulignerez.

MINI-LIENS
activités complémentaires : **minilienrobert.com/1F6071**
exercices interactifs : **minilienrobert.com/1F6047**

BILAN 3 Fiches 26 à 33

Le narrateur s'entretient avec le capitaine Nemo, qui l'a recueilli à bord de son vaisseau sous-marin.

– Vous aimez la mer, capitaine.

– Oui ! Je l'aime ! La mer est tout ! Elle couvre les sept dixièmes du globe terrestre. Son souffle est pur et sain. C'est l'immense désert où l'homme n'est jamais seul, car il sent frémir la vie à ses côtés. La mer n'est que le véhicule d'une surnaturelle et prodigieuse existence ; elle n'est que mouvement et amour ; c'est l'infini vivant, comme l'a dit un de vos poètes. Et en effet, monsieur le professeur, la nature s'y manifeste par ses trois règnes, minéral, végétal, animal. [...] La mer est le vaste réservoir de la nature. C'est par la mer que le globe a pour ainsi dire commencé, et qui sait s'il ne finira pas par elle ! Là est la suprême tranquillité. La mer n'appartient pas aux despotes[1]. À sa surface, ils peuvent encore exercer des droits iniques[2], s'y battre, s'y dévorer, y transporter toutes les horreurs terrestres. Mais à trente pieds au-dessous de son niveau, leur pouvoir cesse, leur influence s'éteint, leur puissance disparaît ! Ah ! monsieur, vivez, vivez au sein des mers ! Là seulement est l'indépendance ! Là je ne reconnais pas de maîtres ! Là je suis libre ! »

Le capitaine Nemo se tut subitement au milieu de cet enthousiasme qui débordait de lui. S'était-il laissé entraîner au-delà de sa réserve habituelle ? Avait-il trop parlé ?

Jules Verne, *Vingt Mille Lieues sous les mers*, Partie I, ch. X, 1869.

1. Despotes : tyrans. **2. Iniques :** injustes.

BILAN Niveau 1

1. a. Soulignez un exemple de chaque type de phrases en respectant le code couleur : déclarative, exclamative, injonctive, interrogative.

b. Quel sentiment exprime Nemo par l'emploi de nombreuses phrases exclamatives ?

....

2. Repérez les phrases négatives : combien l'extrait en compte-t-il ? ....

3. a. Du début à « sain » (l. 4), entourez la phrase très courte non verbale et dites si les autres phrases sont simples ou complexes :

....

b. La phrase « À sa surface [...] terrestres » (l. 15-17) est-elle simple ou complexe ? ....

4. Dans la phrase complexe « C'est l'immense [...] à ses côtés » (l. 4-5), séparez par une barre les propositions et numérotez-les. Puis, pour chaque proposition, dites si elle est : indépendante juxtaposée (IJ), indépendante coordonnée (IC), principale (P) ou subordonnée (S) :

....

....

5. « Là est la suprême tranquillité » (l. 14) : soulignez le sujet du verbe.

6. Identifiez la fonction des mots en gras dans les phrases suivantes.

« La mer n'est que **mouvement** » : ....

« Elle couvre **les sept dixièmes du globe terrestre** » : ....

« **Je l'**aime » : ....

7. a. « La mer n'appartient pas aux despotes » : à l'oral, reformulez la phrase en remplaçant « despotes » par « la tyrannie », et indiquez ensuite la fonction du groupe souligné :

....

b. « Là je ne reconnais pas de maîtres » : à l'oral, transformez cette phrase négative en phrase affirmative, et indiquez ensuite la fonction du groupe souligné : ....

8. Dans les deux dernières lignes du texte, soulignez deux CC de lieu et entourez deux CC de manière.

BILAN Niveau 2

9. a. Faites l'exercice 1. a.

b. Pourquoi Nemo utilise-t-il autant de phrases exclamatives ? ....

c. Que marquent les phrases interrogatives utilisées par le narrateur ? ....

10. Donnez un exemple de trois sortes de phrases négatives :

a. exprimant une négation totale : ....

....

b. exprimant une négation partielle : ....

....

c. exprimant une négation restrictive : ....

....

11. a. Faites l'exercice 3. b.
b. Dans la phrase « La mer n'est que le véhicule [...] poètes » (l. 6-9), séparez par une barre les propositions et numérotez-les. Puis, pour chaque proposition, dites si elle est : indépendante juxtaposée (IJ), indépendante coordonnée (IC), principale (P) ou subordonnée (S) :

....

....

12. a. Faites l'exercice 5.
b. Surlignez un autre exemple de phrase construite de la même façon.

13. Indiquez la fonction des mots en gras et précisez leur classe grammaticale :

« Je suis **libre** » : ....

« Je **l'**aime » : ....

« C'est **l'infini vivant** » : ....

« Il sent **frémir** » : ....

« La mer n'appartient pas **aux despotes** » :

....

« **À sa surface** (1), ils peuvent encore exercer des droits iniques, s'**y** (2) battre » : (1) ....
(2) ....

14. Faites l'exercice 8.

BILAN Niveau 3

15. Faites l'exercice 9 (a. b. c.).

16. Faites les exercices 2. et 10.

17. Encadrez de différentes couleurs un exemple :
- **de phrase non verbale ;**
- **de phrase simple de cette structure :** S + V + Attribut du sujet ;
- **de phrase simple de cette structure :** S + V + COD.

18. a. Combien de verbes comporte la phrase « À sa surface [...] terrestres » (l.15-17) ?

....

b. Cette phrase est-elle simple ou complexe ? ....

19. a. Dans cette phrase complexe, séparez par une barre les propositions. Écrivez, sous chaque proposition, ce qu'elle est : indépendante, principale, subordonnée. Si elle est subordonnée, entourez le subordonnant. Précisez aussi si les indépendantes sont juxtaposées ou coordonnées.
« C'est par la mer que le globe a pour ainsi dire commencé, et qui sait s'il ne finira pas par elle ! »

....

b. Placez entre crochets les cinq autres phrases complexes du texte.

20. Étudiez la proposition suivante :
« comme **l'**a dit un de vos poètes ».

a. Soulignez le GN sujet et justifiez l'accord du verbe : ....

b. Donnez la fonction du mot en gras et sa classe grammaticale : ....

c. Recopiez ce qu'il remplace dans le texte :

....

21. Indiquez la fonction et la classe grammaticale des mots en gras :

« La mer est **tout** » : ....

« Son souffle est **pur et sain** » : ....

« C'est **l'immense désert** » : ....

« Il sent **frémir** » : ....

« La mer n'appartient pas **aux despotes** » :

....

« **À sa surface** (1), ils peuvent encore exercer des droits iniques, s'**y** (2) battre » :
(1) ....
(2) ....

« **Là** (1), je ne reconnais pas de **maîtres** (2) » :
(1) .... ; (2) ....

22. Faites l'exercice 8.

PROJET 3. *Écrire la suite d'une scène de tromperie*

ÉTAPE 1 LIRE UNE SCÈNE DE TROMPERIE

À Naples, Scapin, un valet rusé, veut soutirer de l'argent au vieux Géronte pour le donner à Octave, le fils de ce dernier.

SCAPIN, *feignant de ne pas voir Géronte.* – Ô Ciel ! ô disgrâce imprévue ! ô misérable père ! Pauvre Géronte, que feras-tu ?

GÉRONTE, *à part.* – Que dit-il là de moi, avec ce visage affligé[1] ?

SCAPIN, *même jeu.* – N'y a-t-il personne qui puisse me dire où est le seigneur Géronte ?

GÉRONTE. – Qu'y a-t-il, Scapin ?

SCAPIN, *courant sur le théâtre, sans vouloir entendre ni voir Géronte.* – Où pourrai-je le rencontrer pour lui dire cette infortune[2] ?

GÉRONTE, *courant après Scapin.* – Qu'est-ce que c'est donc ?

SCAPIN, *même jeu.* – En vain je cours de tous côtés pour le pouvoir trouver.

GÉRONTE. – Me voici.

SCAPIN, *même jeu.* – Il faut qu'il soit caché en quelque endroit qu'on ne puisse point deviner.

GÉRONTE, *arrêtant Scapin.* – Holà ! es-tu aveugle, que tu ne me vois pas ?

SCAPIN. – Ah ! Monsieur, il n'y a pas moyen de vous rencontrer.

GÉRONTE. – Il y a une heure que je suis devant toi. Qu'est-ce que c'est donc qu'il y a ?

SCAPIN. – Monsieur…

GÉRONTE. – Quoi ?

SCAPIN. – Monsieur votre fils…

GÉRONTE. – Hé bien ! mon fils…

SCAPIN. – Est tombé dans une disgrâce la plus étrange du monde.

GÉRONTE. – Et quelle ?

SCAPIN. – Je l'ai trouvé tantôt, tout triste, de je ne sais quoi que vous lui avez dit, où vous m'avez mêlé assez mal à propos, et, cherchant à divertir cette tristesse, nous nous sommes allés promener sur le port. Là, entre autres plusieurs choses, nous avons arrêté nos yeux sur une galère turque assez bien équipée. Un jeune Turc de bonne mine nous a invités d'y entrer, et nous a présenté la main. Nous y avons passé, il nous a fait mille civilités, nous a donné la collation[3], où nous avons mangé des fruits les plus excellents qui se puissent voir, et bu du vin que nous avons trouvé le meilleur du monde.

GÉRONTE. – Qu'y a-t-il de si affligeant en tout cela ?

SCAPIN. – Attendez, Monsieur, nous y voici. Pendant que nous mangions, il a fait mettre la galère en mer, et, se voyant éloigné du port, il m'a fait mettre dans un esquif[4], et m'envoie vous dire que, si vous ne lui envoyez par moi tout à l'heure cinq cents écus, il va nous emmener votre fils en Alger[5].

GÉRONTE. – Comment ! diantre, cinq cents écus ?

SCAPIN. – Oui, Monsieur ; et, de plus, il ne m'a donné pour cela que deux heures.

GÉRONTE. – Ah ! le pendard de Turc ! m'assassiner de la façon.

SCAPIN. – C'est à vous, Monsieur, d'aviser promptement aux moyens de sauver des fers un fils que vous aimez avec tant de tendresse.

GÉRONTE. – Que diable allait-il faire dans cette galère ?

SCAPIN. – Il ne songeait pas à ce qui est arrivé.

GÉRONTE. – Va-t'en, Scapin, va-t'en dire à ce Turc que je vais envoyer la justice après lui.

SCAPIN. – La justice en pleine mer ! Vous moquez-vous des gens ?

GÉRONTE. – Que diable allait-il faire dans cette galère ? […]

Molière, *Les Fourberies de Scapin,* Acte II, Scène 7, 1671.

1. Affligé : triste, accablé. **2. Infortune :** malheur, coup du sort. **3. Collation :** repas. **4. Esquif :** embarcation légère. **5. Alger :** au XVIIe siècle, la ville d'Alger comptait de nombreux corsaires (pirates).

1. Au début du texte, pourquoi Scapin fait-il semblant de ne pas voir Géronte ?

....

2. Expliquez la ruse imaginée par Scapin pour obtenir de l'argent de Géronte.

....

3. a. Comment réagit Géronte quand il apprend la nouvelle ? ....

b. Alors que la solution serait de donner l'argent, quelle autre solution envisage Géronte ?

....

Pourquoi ? ....

4. La réaction de Géronte est-elle celle que l'on attendrait d'un père ? Quels défauts révèle-t-elle chez le vieillard ? ....

ÉTAPE 2 REPÉRER DES EFFETS COMIQUES DESTINÉS À AMUSER LE SPECTATEUR

5. a. Dans le début du texte, repérez les didascalies. Comment les distinguez-vous du texte qui est prononcé par les acteurs ?

....

b. Surlignez les didascalies qui indiquent un jeu de scène entre les acteurs, destiné à amuser le public. Expliquez ce procédé avec vos propres mots.

....

BOÎTE À OUTILS

Dans un texte de théâtre, une **didascalie** est une indication donnée par l'auteur concernant la manière de jouer, les décors, les costumes...

6. Soulignez, dans la fin de l'extrait, une répétition destinée à faire rire.

7. a. Surlignez les expressions du texte qui appartiennent au champ lexical du malheur.

b. Expliquez pourquoi ces expressions n'attristent pas le spectateur, mais l'amusent.

....

8. Encadrez, dans les dernières répliques, une remarque très ironique de Scapin à l'égard de Géronte. Que souligne-t-elle chez le vieil homme ? ....

9. Complétez cette description des principaux effets comiques en plaçant correctement les mots suivants.

jeu de scène • mots • courses, coups, chutes • situation • caractère • comportement

1. Le comique peut naître de la .... ; par exemple, quand un personnage en trompe un autre et que le spectateur le sait.

2. Le comique peut naître du .... ; par exemple, quand un personnage fait semblant de n'en pas voir un autre.

3. Le comique peut être provoqué par les gestes d'un personnage : .... , etc.

4. Le comique est également provoqué par les .... : répétitions, mensonges, ironie, etc.

5. Le comique peut enfin être suscité par le .... et le .... d'un personnage ; par exemple, Géronte ne réagit pas comme devrait le faire un père.

ÉTAPE 3 VARIER LES TYPES ET LES FORMES DE PHRASE

10. Dans le texte, soulignez une phrase déclarative en rouge, une phrase impérative en bleu, une phrase interro-négative en vert.

11. a. Du début du texte jusqu'à « Qu'est-ce que c'est donc qu'il y a ? » (l. 24), quel type de phrase prédomine ? Pourquoi ? ....

b. Quel type de phrase domine au contraire dans le récit que fait Scapin à Géronte ? Pourquoi ?

....

12. Au moyen de quels types de phrase Géronte exprime-t-il sa colère et son indignation ?

....

13. a. Dans les neuf dernières répliques (l. 52 à la fin), surlignez les phrases non verbales.

b. Encadrez un exemple de phrase non verbale dont le noyau est un nom et un exemple de phrase non verbale dont le noyau est un verbe à l'infinitif. Entourez à chaque fois leur noyau.

ÉTAPE 4 METTRE EN PAGE UN TEXTE DE THÉÂTRE

14. Voici un court passage où les répliques et les noms des personnages sont écrits à la suite les uns des autres. Au brouillon, disposez ce texte de théâtre comme il convient. Ajoutez les signes de ponctuation qui manquent et les majuscules.

> *Géronte explique à Sganarelle comment il se comporte avec sa fille.*
> Sganarelle les filles sont quelquefois un peu têtues Géronte vous ne sauriez croire comme elle est affolée de ce Léandre Sganarelle la chaleur du sang fait cela dans les jeunes esprits Géronte pour moi dès que j'ai eu découvert la violence de cet amour j'ai su tenir toujours ma fille renfermée Sganarelle vous avez fait sagement.
> Molière, *Le Médecin malgré lui*, Acte III, Scène 7, 1666.

ÉTAPE 5 PRÉPARER L'ÉCRITURE

À l'aide des activités précédentes, vous allez imaginer une fin à la scène que vous venez de lire. (Attention, ne regardez pas la suite donnée par Molière !) Vous écrirez au moins six répliques, mais bien plus si vous voulez. Vous utiliserez tous les types de phrase et au moins deux formes négatives. Vous pouvez aussi utiliser des phrases non verbales.

15. Quelles options de fin choisissez-vous ?

☐ Géronte donne son argent à Scapin. ☐ Géronte ne donne pas d'argent.

16. Avant de donner ou non son argent, Géronte imagine des moyens de ne pas payer la rançon. Choisissez une ou des options.

☐ Géronte s'offre à prendre lui-même la place de son fils.
☐ Il demande à Scapin de remplacer son fils sur la galère.
☐ Il lui dit de vendre quelque chose.
☐ Géronte envoie Scapin chercher la somme chez lui, Géronte.

☐ Géronte a l'argent sur lui et le donne, ou non.

☐ Autre solution : ....

17. Imaginez l'attitude de Scapin.

☐ Il flatte Géronte.

☐ Il supplie Géronte.

☐ Il fait des reproches à Géronte.

☐ Il est dégoûté et s'en va.

☐ Autre solution : ....

ÉTAPE 6 ÉCRIRE LA SCÈNE EN DISPOSANT LE TEXTE COMME IL CONVIENT

18. Après avoir écrit la scène, vérifiez que vous avez écrit un texte conforme à ce qui est attendu.

Évaluez-vous en vous notant de 1 à 3 (1 : non ; 2 : plus ou moins ; 3 : oui)

• J'ai écrit une fin logique.	1	2	3
• J'ai su bien disposer mon texte.	1	2	3
• J'ai mis des didascalies pour donner des indications aux acteurs.	1	2	3
• J'ai cherché à faire rire les spectateurs.	1	2	3
• J'ai respecté le caractère des deux personnages mis en scène.	1	2	3
• J'ai utilisé différents types et formes de phrase.	1	2	3

BILAN *Écrire la suite d'une scène de tromperie*

J'ai appris : ....
....
....
....

J'ai bien aimé : ....
....
....
....

Je maîtrise : ....
....
....
....

J'ai encore du mal à : ....
....
....
....

34. Verbes, groupes verbaux et auxiliaires

→ Faire du verbe un personnage de conte

OBSERVER

> Ce sont les verbes. Regardez-les, des maniaques du labeur. Ils n'arrêtent pas de travailler. Il disait vrai. Ces fourmis, ces verbes, comme il les avait appelés, serraient, sculptaient, rongeaient, réparaient…
>
> Erik Orsenna, *La grammaire est une chanson douce*, 2001.

1. Surlignez tous les verbes. Sont-ils tous conjugués ? ....

2. Encadrez la forme verbale qui se compose d'un auxiliaire et d'un participe.

APPRENDRE ET S'EXERCER

• Le verbe sert à exprimer une action ou à donner des informations sur le sujet.

Verbe non conjugué	
Il varie en temps, mais il ne varie ni en mode ni selon la personne.	
Mode infinitif	– présent : *donner, prendre.* – passé : *avoir mangé, être venu.*
Verbe conjugué à un mode impersonnel	
Il varie en mode et en temps, mais pas selon la personne.	
Mode participe	*voulant, chanté, ayant pris*
Mode gérondif	– présent : *en calculant.* – passé : *en ayant fini.*
Verbe conjugué à un mode personnel	
Il varie en mode, en temps et en personne.	
Mode indicatif	*je rentre, nous avons rougi, ils faisaient.*
Mode impératif	*Concluez !*
Mode subjonctif	*qu'il sorte, que nous fassions, qu'elle ait terminé, qu'on eût fini.*

• C'est en fonction de l'infinitif que les verbes sont **classés en trois groupes verbaux.**

Groupe verbal	Terminaison de l'infinitif des verbes	Exemples
1er groupe	en ***-er*** (sauf *aller*, du 3e groupe)	***chanter*** : *je chante* ***manger*** : *nous mangeons* ***trouver*** : *ils trouvent*
2e groupe	en ***-ir*** (au présent de l'indicatif, à la 1re personne du pluriel, le verbe se termine par *-issons*)	***finir*** : *nous finissons* ***gémir*** : *je gémis* ***rougir*** : *vous rougissez*
3e groupe	tous les autres verbes	***prendre*** : *nous prenons* ***s'asseoir*** : *tu t'assieds* ***sortir*** : *elle sort*

BOÎTE À OUTILS

Les verbes ***être*** et ***avoir*** servent d'auxiliaires car ils aident à conjuguer les autres verbes aux temps composés.

Ex. : *j'**ai** perdu, nous **sommes** tombés.*

3. a. Quel est le verbe non conjugué ? Entourez la bonne réponse.

endormi • ayant secouru • il neigeait • régner

b. Quelques verbes ayant leur infinitif en *-ir* peuvent appartenir au 3e groupe. ☐ Vrai ☐ Faux

4. Barrez les mots de la liste qui ne sont pas des verbes.
jouer • jouet • sourire • tir • lancer • devenir • perchoir • pendre • cendre • accomplir

5. Entourez les verbes qui sont conjugués à un mode personnel.
sors • étant venu • fasse • pourrions • répandre • aimé • fais • pèses • asseyez-vous

6. Dans les parenthèses, indiquez les infinitifs des verbes conjugués, puis leur groupe de conjugaison.

Un jour, Aimer fit (..................... /...) la connaissance de Jalouser et dès lors, ensemble ils souffrirent (..................... /...) beaucoup. Aimer ne pouvait (..................... /...) plus vivre sans Jalouser, même s'ils passaient leur temps à se disputer. Jalouser gémissait (..................... /...) en permanence, Aimer pardonnait (..................... /...) au prix de beaucoup d'efforts. C'est alors que Raisonner intervint (..................... /...) et leur prodigua (..................... /...) de précieux conseils sur la façon de se comporter. Aimer apprit (..................... /...) à rassurer Jalouser et Jalouser réagissait (..................... /...) avec plus de raison.

7. Lisez le texte.

– Un verbe ne peut pas se tenir tranquille, m'**expliqua** la girafe, c'est sa nature. Vingt-quatre heures sur vingt-quatre, il travaille. Tu as remarqué les deux, là-bas, qui courent partout ?
Je **mis** du temps à les repérer, dans le formidable désordre. Soudain, je les aperçus, « être » et « avoir ». Oh, comme ils étaient touchants ! Ils cavalaient d'un verbe à l'autre et **proposaient** leurs services : « Vous n'avez pas besoin d'aide ? Vous ne voulez pas un coup de main ? Nous sommes venus pour vous assister. »
– Tu as vu comme ils sont gentils ? C'est pour ça qu'on les appelle des auxiliaires, du latin *auxilium*, « secours ».

D'après Erik Orsenna, *La grammaire est une chanson douce*, 2001.

a. Surlignez les verbes *être* et *avoir* quand ils sont employés comme auxiliaires.

b. Soulignez les verbes *être* et *avoir* quand ils ne sont pas employés comme auxiliaires.

c. Conjuguez les verbes en gras au passé composé de l'indicatif, en gardant la même personne que dans le texte. Soulignez l'auxiliaire que vous employez.

1. .... 2. .... 3. ....

S'EXPRIMER • Faire du verbe un personnage de conte

8. À votre tour, imaginez un petit conte dans lequel les noms des personnages seront des verbes, ceux qui les aident s'appelleront « Être » et « Avoir ». Voici le début d'un exemple de conte : continuez-le !

Il était une fois, un verbe Devoir qui rencontra le verbe Pouvoir. Ils tombèrent amoureux. Mais la reine Vouloir s'opposa à leur union. C'est pourquoi Avoir avait imaginé un stratagème...

MINI-LIENS
activités complémentaires : minilienrobert.com/1F6072
exercices interactifs : minilienrobert.com/1F6048

35. Le verbe conjugué : personne, mode, temps

→ Imaginer une machine à conjuguer

OBSERVER

je mange, tu manges, il mangera, que nous mangions, vous mangeriez, je mangeai

1. **Recopiez la partie du verbe qui reste identique.** ....

2. **Quelle partie varie ?** .... **En fonction de quoi ?** ....

3. **Quel est l'infinitif du verbe ?** ....

APPRENDRE ET S'EXERCER

- Un verbe conjugué est composé d'un **radical** qui donne le sens du verbe et d'une **terminaison** qui varie en fonction de la conjugaison : ***il chantait***.
- Le verbe est un **mot variable et on le conjugue**.

La terminaison change en fonction :

de la **personne** qui fait l'action et informe sur le nombre. C'est le **sujet** avec lequel s'accorde le verbe.

du **mode** auquel est conjugué le verbe. c'est la manière dont l'action est exprimée. Par exemple :
→ **indicatif :** pour les faits réalisables ;
→ **impératif :** pour les ordres, conseils ;
→ **subjonctif :** pour les faits possibles ou souhaités.

du **temps** auquel est conjugué le verbe (présent, passé, futur, etc.). C'est le moment de l'action.

- Pour analyser la conjugaison d'un verbe, on indique son infinitif, son sujet, son temps et son mode.

Il prendra →

Infinitif	Sujet (= la personne, la chose)	Temps	Mode
Prendre	3e personne du singulier	Futur	Indicatif

4. **Cochez la bonne réponse.**

	Vrai	Faux
1. Un verbe conjugué est formé d'une racine et d'une terminaison.	☐	☐
2. C'est le mode du verbe qui permet de savoir si l'action a lieu dans le passé, le présent ou le futur.	☐	☐

5. **a.** **Soulignez le radical de chaque verbe et encadrez la terminaison.**

Ex. : *roug* | *ira*

b. **Indiquez, pour chaque verbe, à quelle personne il est conjugué (parfois, plusieurs réponses sont possibles).**

produirait : ...... • engagiez : ...... • rougis : ...... • voulut : ...... • admirions : ...... • transformeraient : ...... • vendîmes : ...... • cousirent : ......

BOÎTE À OUTILS

Pour trouver le radical, on retire la terminaison de l'infinitif : *-er* ; *-ir* ; *-oir* ; *-re*...

6. Surlignez les infinitifs et soulignez les verbes conjugués.

Jeanne se mit à monter les marches, le cœur battant, sa feuille à la main avec sa phrase minuscule. Elle s'approcha de la première horloge pour observer le balancier. Il battait comme d'habitude, vers la gauche, vers la droite, régulièrement. Une ouverture ayant été percée dans l'horloge, semblable à une boîte aux lettres, Jeanne y confia sa feuille, et entendit des grincements d'engrenage. La feuille lui revint, avec sa phrase complétée : « *Le diplodocus grignote la fleur.* » Alors seulement elle découvrit la pancarte : *Horloge du présent.*

D'après Erik Orsenna, *La grammaire est une chanson douce*, 2001.

7. a. Encadrez les verbes conjugués et soulignez les sujets.

b. Relevez un verbe au présent de l'indicatif, un autre au futur de l'indicatif et un dernier dont le temps situe l'action dans le passé : ....

– Et pourquoi deux horloges ? Rien ne semblait plus simple que le passé. Le passé : le royaume de ce qui est fini et ne reviendra plus.
– Essaie l'une après l'autre. Tu comprendras […].
– Ça c'est le conditionnel, expliqua Monsieur Henri. Rien n'est sûr, tout peut arriver, mais tout dépend des conditions. Si le temps était beau, si les glaces se retiraient, si…, si…, alors le diplodocus *grignoterait*, tu me suis ? Il se pourrait qu'il grignote mais je ne peux pas te le garantir.

Erik Orsenna, *La grammaire est une chanson douce*, 2001.

8. Analysez les conjugaisons dans le tableau suivant. Les verbes sont tirés du texte de l'exercice 7, vous pouvez vous y reporter.

→ 36 à 43 p. 98-113

	Infinitif	Personne	Temps	Mode
semblait				
est fini				
essaie				
grignoterait				
(qu'il) grignote				

JOUONS AVEC LA LANGUE

9. LA MACHINE À INFINITIF Un élève propose à la classe un verbe conjugué, les autres élèves doivent inscrire sur leur feuille l'infinitif du verbe.

Ex. : un élève dit : « Je propose *qu'ils choisissent*. » L'élève qui lève le premier sa feuille sur laquelle il a écrit « choisir » a gagné.

S'EXPRIMER • Imaginer une machine à conjuguer

10. Comme Jeanne dans l'exercice 6, vous débarquez sur une île et trouvez une machine à conjugaison. Décrivez la machine et son fonctionnement, rédigez un petit billet de deux phrases que vous mettez dans la machine et racontez ce qui ressort de la machine.

MINI-LIENS
exercices interactifs :
minilienrobert.com/1F6049

36. Le présent de l'indicatif (1er et 2e groupes)

→ Rendre le quotidien poétique

OBSERVER

1. Conjuguez les verbes entre parenthèses. À quels groupes appartiennent-ils ?

....

> Ce qui (embellir) .... le désert, dit le petit prince, c'est qu'il (cacher) .... un puits quelque part.
>
> Antoine de Saint-Exupéry, *Le Petit Prince*, 1943.

2. Quelles terminaisons verbales observez-vous selon les groupes ? ....

APPRENDRE ET S'EXERCER

• Pour conjuguer les verbes des **1er et 2e groupes** au présent de l'indicatif, on retire du verbe la marque de l'infinitif, ***-er*** ou ***-ir***, pour obtenir le **radical**, auquel on ajoute les **terminaisons**.

Radical du verbe
cacher → *cach...*
embellir → *embell...*

\+

Pour les verbes du 1er groupe, en ***-er*** : ***-e, -es, -e, -ons, -ez, -ent*** → *je cache, tu caches, il/elle cache, nous cachons, vous cachez, ils/elles cachent*

Pour les verbes du 2e groupe, en ***-ir*** : ***-is, -is, -it, -issons, -issez, -issent*** → *j'embellis, tu embellis, il/elle embellit, nous embellissons, vous embellissez, ils/elles embellissent*

3. Cochez la bonne case.

	Vrai	Faux
Pour conjuguer les verbes des 1er et 2e groupes, on ajoute les terminaisons à l'infinitif du verbe.	☐	☐

4. Entourez les verbes qui sont conjugués au présent de l'indicatif.

il a réussi • Mange ! • nous surgissons • j'envie • elle essaiera • il aboutit • vous déménagez • Fermez !

5. Indiquez le groupe de chaque verbe, puis conjuguez-le à la personne demandée.

Verbe	Groupe	Conjuguez	Verbe	Groupe	Conjuguez
poser	....	tu	atterrir	....	nous ....
agir	....	il	manœuvrer	....	je ....
grandir	....	vous	prospérer	....	ils ....

6. Complétez le texte en conjuguant les verbes au présent de l'indicatif.

Le pain

La surface du pain m'(émerveiller) .... d'abord à cause de cette impression quasi panoramique qu'elle (donner) .... : on (disposer) .... sous la main des Alpes, du Taurus ou de la Cordillère des Andes. […]
Ce lâche et froid sous-sol que l'on (nommer) .... la mie a son tissu pareil à celui des éponges : feuilles ou fleurs y (rester) .... comme des sœurs siamoises soudées par tous les coudes à la fois. Lorsque le pain (rassir) .... ces fleurs (faner) .... et se (rétrécir) ....

D'après Francis Ponge, « Le pain », *Le Parti pris des choses*, 1942.

• **À retenir** pour bien orthographier les verbes conjugués au présent de l'indicatif :

Pour les verbes du 1er groupe en...		
-cer	**ç-** devant *-ons*	*je lance / nous lançons*
-ger	**ge-** devant *-ons*	*je voyage / nous voyageons*
-guer	**gu-** devant *-ons*	*je navigue / nous naviguons*
-yer	***i-* au lieu de *y-*** devant *-e* muet	*j'envoie / nous envoyons*
-eler / -eter	Prennent un **è** devant une terminaison en *-e* muet, sauf les verbes *appeler*, *jeter* et leurs composés qui redoublent la consonne	*j'achète / tu pèles / je gèle* Sauf : *j'appelle / nous appelons* *je jette / nous jetons*

7. Dictée préparée

Au brouillon, réécrivez ce texte en conjuguant les verbes soulignés au présent de l'indicatif.

Nous distinguer un large buffet sculpté ; le chêne sombre,
Très vieux, renvoyer cet air si bon des vieilles gens ;
Le buffet s'entrebâiller, et jeter dans l'ombre
Comme un flot de vin vieux, des parfums engageants […]
Ô buffet du vieux temps, tu nourrir bien des histoires,
Et tu préférer conter tes contes, et tu bruire
Quand s'écarter lentement tes grandes portes noires.

D'après Arthur Rimbaud, « Le buffet », *Cahier de Douai*, 1870.

BOÎTE À OUTILS

Pour bien conjuguer, il faut rechercher le sujet du verbe. Parfois, ce sujet est placé **après le verbe** avec lequel il se conjugue.

→ 27 p. 70

JOUONS AVEC LA LANGUE

8. POÉTISONS NOTRE CLASSE ! Choisissez un objet dans la classe sans le montrer à vos camarades. Sans le nommer, sous forme d'énigme, présentez cet objet au présent de l'indicatif pour le faire deviner.

Ex. : « *Le trésor que je saisis se nourrit de ma papeterie, il renferme cahiers et livres. Parfois, aux vacances, il maigrit ; mais chaque matin d'école, je bondis hors de la maison avec cet ami sur le dos.* » → *un cartable*

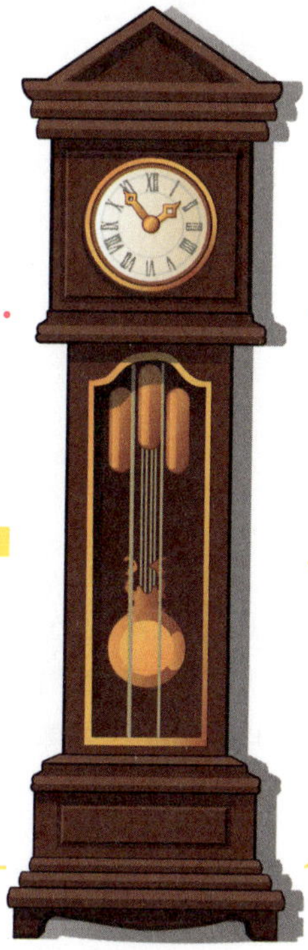

S'EXPRIMER • Rendre le quotidien poétique

9. À votre tour, comme Francis Ponge l'a fait avec « Le pain » ou Rimbaud avec « Le buffet », choisissez un objet parmi la liste ci-dessous, que vous embellirez. Présentez-le au présent de l'indicatif.

un balai • un tapis • un vélo • un ballon • un compas • un miroi • une horloge • le thé • des baskets

MINI-LIENS exercices interactifs : **minilienrobert.com/1F6050**

37. Le présent de l'indicatif (3e groupe et auxiliaires)

→ Exprimer des émotions fortes

OBSERVER

Aujourd'hui, je me sens joviale, j'étreins mon oreiller dès que j'entends le chant des oiseaux. Rien ne peut ébranler mon euphorie !

1. À quel temps et à quel mode les verbes sont-ils conjugués ? ....

2. À quel groupe de conjugaison appartiennent-ils ? Entourez leurs terminaisons. Que constatez-vous ?

APPRENDRE ET S'EXERCER

• La majorité des **verbes du 3e groupe se classent selon quatre catégories** en fonction de leurs **terminaisons** aux personnes **du singulier au présent de l'indicatif**.

La plupart des verbes	Les verbes en -indre et en -soudre perdent leur d	Les autres verbes en -dre gardent leur d	vouloir / pouvoir / valoir
Je pars Tu pars Il/elle/on part Nous partons Vous partez Ils/elles partent	Je peins Tu peins Il/elle/on peint Nous peignons Vous peignez Ils/elles peignent	Je prends Tu prends Il/elle/on prend Nous prenons Vous prenez Ils/elles prennent	Je veux / peux / vaux Tu veux / peux / vaux Il/elle/on veut / peut / vaut Nous voulons Vous voulez Ils/elles veulent

• Certains verbes sont **irréguliers**, il faut apprendre leur conjugaison.

savoir : je sais, il sait, nous savons, ils savent	**devoir** : tu dois, il doit, nous devons, ils doivent
dire : il dit, nous disons, vous dites, ils disent	**faire** : je fais, nous faisons, vous faites, ils font
voir : je vois, il voit, nous voyons, ils voient	**croire** : je crois, il croit, nous croyons, ils croient
venir : tu viens, vous venez, ils viennent	**mettre** : je mets, nous mettons, ils mettent

Parmi les verbes **irréguliers**, on trouve les **auxiliaires *être*** et ***avoir*** et le **verbe *aller***.

BOÎTE À OUTILS

Ne mettez pas d'accent circonflexe sur le *i* de *vous dites* et *vous faites*, mais n'oubliez pas l'accent sur celui de *il connaît* et *il plaît*.

3. Reliez les propositions de chaque colonne pour créer trois affirmations vraies.

Aux trois premières personnes du singulier :

1. Les verbes en *-dre* font *-ds*, *-ds*, *-d* •
2. Le verbe *pouvoir* fait *-x*, *-x*, *-t* •
3. Les auxiliaires *être* et *avoir* se conjuguent •

• comme le verbe *valoir*.
• de façon irrégulière, il faut en connaître la conjugaison.
• sauf les verbes en *-indre* et en *-soudre*, qui font *-s*, *-s*, *-t*.

4. Conjuguez les verbes selon les consignes et écrivez-les dans les cases de la grille.

1. *Croire* à la 3e personne du pluriel
2. *Faire* à la 2e personne du pluriel
3. *Admettre* à la 1re personne du pluriel
4. *Plaire* à la 3e personne du singulier
5. *Confondre* à la 2e personne du singulier

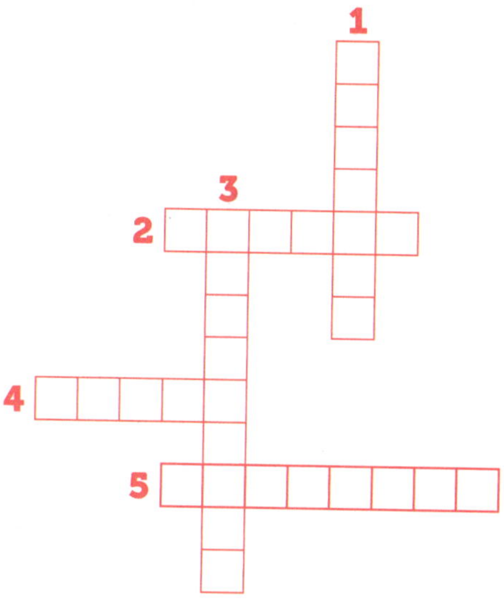

5. Surlignez les verbes du 3e groupe, puis conjuguez-les à la 1re personne du singulier et à la 1re personne du pluriel.

pâlir • mentir • sourire • appuyer • répondre • recevoir • maigrir • moudre

Je ....

Nous ....

6. Dictée préparée

Réécrivez ce texte en conjuguant les verbes au présent de l'indicatif à la personne qui convient.

Ces pensées (faire) .... remonter une boule dans ma gorge qui me remplit de haine, je ne (parvenir) .... plus à gérer ce trop-plein d'émotions. À cet instant, mon cœur (s'abattre) .... dans un précipice, les murs (paraître) .... se rapprocher dangereusement, ils (venir) .... m'écraser si bien que je (se mettre) .... à courir aussi vite que je (pouvoir) ....

JOUONS AVEC LA LANGUE

7. DES ÉMOTIONS IMAGÉES Choisissez une des expressions ci-dessous et employez-la dans une phrase dans laquelle vous conjuguerez un verbe du 3e groupe au présent.

Ex. : *Pierre* ***perd*** *souvent au foot, ça le* ***rend*** *malheureux comme les pierres !*

être heureux comme un poisson dans l'eau • être malheureux comme les pierres • avoir une peur bleue • se faire un sang d'encre pour • s'entendre comme chien et chat • pleurer comme une madeleine

S'EXPRIMER • Exprimer des émotions fortes

8. Racontez un événement qui a produit en vous une émotion forte. Vous veillerez à conjuguer les verbes au présent de l'indicatif et à employer le vocabulaire des émotions.

Ex. : *craindre, être tourmenté, se plaindre, se morfondre, geindre, ressentir…*

MINI-LIENS exercices interactifs : **minilienrobert.com/1F6051**

38. Le futur de l'indicatif

→ Créer un monde par la parole

OBSERVER

> Dans le monde de demain, les hommes vivront en partie sous la mer. Chacun déplacera sa maison avec un drone géant pour partir en vacances ! J'utiliserai mon robot personnel pour me soigner et tu te nourriras grâce à une imprimante 3D.

1. Isolez la terminaison de chaque verbe conjugué de son radical par une barre. À quoi le radical du verbe ressemble-t-il ?

☐ À l'infinitif

☐ Au radical du présent

2. Tous ces verbes appartiennent-ils aux mêmes groupes ? ....

Que peut-on pourtant dire des terminaisons du futur ? ....

APPRENDRE ET S'EXERCER

• Pour conjuguer un **verbe au futur de l'indicatif**, on ajoute **les mêmes terminaisons pour tous les groupes**.

Infinitif du verbe
manger / finir
auquel on retire le **e** pour les verbes en ***-re*** du 3e groupe
prendre → prendr-

\+

-ai
-as
-a
-ons
-ez
-ont

→ *Demain, je manger**ai***
*nous finir**ons***

→ *Demain, tu prendras*

• Pour les verbes du 1er et du 2e groupe, le radical a **toujours la forme de l'infinitif**.
Pour les **auxiliaires** et **certains verbes du 3e groupe**, le radical est **parfois irrégulier** :
***avoir** : j'**au**rai, tu **au**ras, vous **au**rez...* • ***vouloir** : je v**oud**rai, nous v**oud**rons, ils v**oud**ront...*
***être** : je **se**rai, tu **se**ras, ils **se**ront...* • ***pouvoir** : tu pou**r**ras, il pou**r**ra, vous pou**r**rez...*
***aller** : j'**i**rai, il **i**ra, nous **i**rons...* • ***courir** : je cou**r**rai, nous cou**r**rons, vous cou**r**rez...*

3. Cochez la bonne case.

	Vrai	Faux
1. Au futur, on ajoute toujours les terminaisons à l'infinitif du verbe.	☐	☐
2. Les terminaisons du futur sont les mêmes pour tous les groupes.	☐	☐

4. Barrez les intrus qui ne sont pas au futur de l'indicatif.

1. Je ferai / fais mes devoirs demain.

2. Nous enverrons / envoyons une lettre.

3. Très malade, il mourut / mourra bientôt.

4. Tu serais / seras une danseuse étoile.

5. En avril, vous cueilliez / cueillerez des jonquilles.

6. Je viendrai / viendrais te voir.

5. Conjuguez les verbes au futur de l'indicatif à la personne indiquée.

• ils (vouloir) : .... • vous (tenir) : .... • je (devoir) : ....
• elle (suivre) : .... • nous (voir) : .... • ils (être) : ....
• tu (plaindre) : .... • tu (apprécier) : .... • tu (avoir) : ....

6. Les verbes sont conjugués au présent de l'indicatif, mettez-les au futur de l'indicatif.

- je veux : ....
- vous savez : ....
- il peut : ....
- ils peignent : ....
- tu vas : ....
- nous courons : ....
- tu envoies : ....
- nous bondissons : ....

7. Remplacez les verbes soulignés par des synonymes de la liste, que vous conjuguerez au futur de l'indicatif.

se nourrir • aller • mordre • installer • accentuer • se diriger • fournir • recueillir

Le Seigneur Dieu dit au serpent : « Puisque tu as fait cela, tu seras maudit entre tout le bétail [...], tu marcheras [....................] sur ton ventre, et tu mangeras [....................] de la poussière tous les jours de ta vie. Je mettrai [....................] inimitié entre toi et la femme [...] et [ta descendance] t'écrasera la tête, et tu lui blesseras [....................] le talon. » Il dit à la femme : « J'augmenterai [....................] la souffrance de tes grossesses, tu enfanteras avec douleur, et tes désirs se porteront [....................] vers ton mari. » Il dit à l'homme : « [...] Le sol sera maudit à cause de toi. C'est à force de peine que tu en tireras [....................] ta nourriture tous les jours de ta vie, il te produira [....................] des épines et des ronces, et tu mangeras de l'herbe des champs. »

D'après La Bible Segond, Genèse, 1910.

JOUONS AVEC LA LANGUE

8. LE JEU DES TRANSFORMATIONS Choisissez un camarade dans la classe et commandez-lui au futur de l'indicatif de mimer une personne, un animal ou un objet qui vous semble poétique ou merveilleux. Dites : *Dans quelques secondes, tu deviendras un oiseau...*

S'EXPRIMER • Créer un monde par la parole

9. Dans la Bible, Dieu a créé le monde par la parole ; vous aussi, créez votre propre monde en l'imaginant au futur de l'indicatif. Décrivez-le en cinq ou six lignes.

Ex. : *Mon monde s'appellera Utopia, l'argent poussera sur les arbres et les hommes ne travailleront que pour le plaisir. Nous nous déplacerons sur les nuages et nous pourrons parcourir le monde d'un claquement de doigts.*

MINI-LIENS exercices interactifs : minilienrobert.com/1F6052

39. L'imparfait de l'indicatif

→ Faire le récit d'une ruse

OBSERVER

> Le Petit Poucet, astucieux, semait des cailloux sur le chemin qu'il prenait. Il se réjouissait d'avance de pouvoir retrouver la route de la maison familiale.

1. Entourez la terminaison des verbes.
La terminaison change-t-elle en fonction du groupe du verbe ? ....

2. Conjuguez *prendre* au présent de l'indicatif :
je → .... nous → ....
Quel est le radical du verbe *prenait* conjugué à l'imparfait de l'indicatif ? ....

APPRENDRE ET S'EXERCER

• L'imparfait se conjugue de la même façon **pour tous les groupes**.

Je *Tu* *Il/elle/on* *Nous* *Vous* *Ils/elles*	Radical de la 1re personne du pluriel du présent de l'indicatif ***vouloir* → *nous voul-***	+	*-ais* *-ais* *-ait* *-ions* *-iez* *-aient*

*Je **voulais**, nous **voulions***

Verbes particuliers	Que faire ?	Exemples
être	Se forme sur le radical ***et-***	*j'étais, nous étions*
Verbes en *-cer*	Mettre une **cédille (ç)** sauf pour *nous* et *vous*	*je lan**ç**ais ≠ nous lan**c**ions*
Verbes en *-ger*	Mettre **un e après le *g*** sauf pour *nous* et *vous*	*je man**gea**is ≠ nous man**gi**ons*

3. Cochez la bonne case.

	Vrai	Faux
1. L'imparfait se forme sur le radical du présent de l'indicatif à la 1re personne du singulier.	☐	☐
2. Les terminaisons sont les mêmes pour tous les verbes.	☐	☐
3. Les verbes en *-cer* prennent une cédille pour toute la conjugaison à l'imparfait.	☐	☐

4. Complétez le tableau suivant.

Verbes à conjuguer	Au présent de l'indicatif (Encadrez le radical.)	À l'imparfait de l'indicatif
foncer	nous	je .... / vous ....
atteindre	nous	nous .... / elles ....
faire	nous	tu .... / ils ....
rugir	nous	vous .... / je ....
feindre	nous	vous .... / je ....

5. Conjuguez ces verbes à la 1re personne du pluriel, à l'imparfait de l'indicatif.

crier → .... peigner → .... surveiller → .... jouer → ....

fuir → .... lier → .... rire → .... railler → ....

BOÎTE À OUTILS

Ne pas oublier le *i* devant *-ions* et *-iez* pour les verbes finissant par *-ier*, *-yer*, *-gner*, *-iller*.
Ex. : *nous essuy**i**ons, nous cri**i**ons, nous trépign**i**ons, nous pill**i**ons*

6. Conjuguez le verbe entre parenthèses à l'imparfait de l'indicatif.

1. Chaque jour, l'ingénieuse Pénélope (tisser) .... sa toile et chaque nuit elle (détruire) .... son ouvrage pour ne pas se marier.

2. Maître Pathelin (savoir) .... se faire mielleux, c'est ainsi que les naïfs (être) .... dupés.

3. « Maître Corbeau, comme vous (exceller) .... dans l'art de la flatterie ! »

4. L'adroite tortue (avancer) .... courageusement et (narguer) .... le lièvre à l'arrivée.

BOÎTE À OUTILS

Les verbes en ***-guer*** gardent le ***u*** à toutes les personnes.

Ex. : *Je navig**u**ais, nous navig**u**ions.*

7. Entourez les verbes à l'imparfait de l'indicatif. Pour cela, observez bien le radical.

J'étais sûr qu'il viendrait brailler pour recevoir son argent. Mais j'imaginais un bon tour. J'allais me mettre au lit, comme si j'étais malade. Nous avions un plan : quand il arriverait, vous lui diriez : « Ah, parlez à voix basse ! » Et la mine pâle vous gémiriez ! Et s'il vous répondait : « Balivernes », vous répliqueriez « Hélas ! Ce n'est pas le moment de plaisanter. » Je prévoyais de lui jouer un air de ma façon !

D'après *La Farce de Maître Pathelin*, 1485.

BOÎTE À OUTILS

Certains verbes du texte ont les terminaisons de l'imparfait de l'indicatif mais sont des conditionnels présents. Contrairement à l'imparfait, ils sont formés sur le radical du futur de l'indicatif.

JOUONS AVEC LA LANGUE

8. UN PERSONNAGE RUSÉ Pensez à un personnage rusé que vous connaissez et faites-le deviner à vos camarades, en commençant par « *Il était une fois...* ».

Ex. : « *Il était une fois un chat qui aimait porter des bottes et qui se plaisait à duper les autres...* »
→ « *C'est le Chat Botté !* »

S'EXPRIMER • Faire le récit d'une ruse

9. Racontez, à l'imparfait de l'indicatif, la journée habituelle d'un personnage rusé. Utilisez le vocabulaire de la ruse. Vous pouvez réemployer des mots vus dans les exercices et en ajouter d'autres.

Ex. : *Le matin, ce petit malin préparait les plaisanteries de la journée.*
Il aimait surtout mettre en place des stratégies...

→ 18 p. 38

MINI-LIENS
activités complémentaires : minilienrobert.com/1F6073
exercices interactifs : minilienrobert.com/1F6053

40. Le passé simple de l'indicatif

→ Agir face aux monstres

OBSERVER

Le cerbère à trois têtes surgit de son antre et avança vers le chevalier. Il effraya tant le chevalier que celui-ci préféra s'enfuir, courut à toutes jambes et parvint à s'échapper.

1. Entourez la terminaison des verbes soulignés.

2. À quel groupe chaque verbe appartient-il ?

• surgit : .... • avança : ...... • effraya : ....

• préféra : ...... • courut : ...... • parvint : ......

3. Quelle terminaison est commune à tous les verbes du 1er groupe ci-dessus ? ....

APPRENDRE ET S'EXERCER

• Pour conjuguer un verbe au passé simple de l'indicatif, le plus souvent, on prend **le radical de l'infinitif** auquel on ajoute les terminaisons du passé simple.
Ex. : *chanter* ; *finir* ; *courir*

BOÎTE À OUTILS

Certains verbes du 3e groupe ont un radical différent de celui de l'infinitif : *je **véc**us, il **s**ut, tu **pris**,*

Pour les verbes du 2e groupe, au singulier, le passé simple et le présent ont la même conjugaison : ***je grandis*** (présent) = ***je grandis*** (passé simple).

1er groupe + verbe *aller* (3e groupe) → *a*	**2e groupe → *i***	**3e groupe → *i / u / in***		
		Certains verbes comme *voir*	Verbes comme *lire* + *être* et *avoir*	*Venir, tenir* et leurs composés
-ai -as -a -âmes -âtes -èrent	-is -is -it -îmes -îtes -irent		-us -us -ut -ûmes -ûtes -urent	-ins -ins -int -înmes -întes -inrent
je m'échappai, tu allas	*il finit, ils virent*		*tu lus, j'eus, nous fûmes*	*tu parvins, nous soutînmes*

4. Reliez chaque verbe à sa terminaison à la 1re personne du singulier du passé simple de l'indicatif.

courir • • -is
surprendre • • -ins
prévenir • • -us

saisir • • -ai
savoir • • -is
soupirer • • -us

5. Encadrez les verbes conjugués au passé simple de l'indicatif.

ils suent • j'écoutais • tu pris • elle prie • tu courras • je finis • vous sûtes • ils manquèrent • il dit • nous allâmes • il eut

6. Mettez ces verbes du 1er et du 2e groupe au passé simple de l'indicatif.

• crier → je ....
• gémir → nous ....
• s'enhardir → tu ....
• retentir → elles ....
• horrifier → vous ....
• menacer → vous ....
• grandir → ils ....
• soulager → on ....
• recevoir → nous ....
• avancer → nous ....

BOÎTE À OUTILS

Devant ***-a*** et ***-u***, les verbes en ***-cer*** prennent un ***ç*** et les verbes en ***-ger*** font ***-ge-***.
Ex. : *j'avançai, ils avancèrent ; nous mangeâmes, elles mangèrent.*

7. Conjuguez le verbe entre parenthèses au passé simple de l'indicatif.

1. Méduse, fille de la mer, (*être*) .... transformée en monstre par Athéna : sa chevelure (*devenir*) .... une multitude de serpents, sa langue (*se changer*) .... en celle d'un serpent, ses yeux (*prendre*) .... une lueur dangereuse.

2. Le cyclope le plus connu (*avoir*) .... pour nom Polyphème. Fils de Poséidon, il (*vivre*) .... dans une caverne, dans laquelle il (*retenir*) .... les compagnons d'Ulysse. Ce dernier (*ruser*) .... et lui (*percer*) .... son œil unique.

3. Minos (*enfermer*) .... le Minotaure dans un labyrinthe. Ainsi, ce monstre ne (*pouvoir*) .... jamais plus s'échapper. Persée (*s'engager*) .... un jour à tuer le Minotaure.

8. Dictée préparée

Monseigneur Yvain cheminait, absorbé dans ses pensées, dans une forêt profonde, lorsqu'il entendit au cœur du bois un cri de douleur perçant, et quand il parvint à l'endroit, il aperçut, dans une clairière, un lion aux prises avec un serpent qui le tenait par la queue et qui lui brûlait les flancs d'une flamme ardente. Il se demanda lequel des deux il aiderait, réfléchit et décida de se porter au secours du lion. Il tira son épée et avança.

D'après Chrétien de Troyes, *Yvain ou le Chevalier au lion*, XIIe s.

1. Surlignez tous les verbes au passé simple, puis classez ces verbes selon leur groupe.

1er groupe PS en **-a**	2e et 3e groupes PS en **-i**	3e groupe PS en **-u**	3e groupe PS en **-in**
....	....	....	....

2. Expliquez pourquoi les verbes *aperçut* et *avança* prennent un *ç*.

....

JOUONS AVEC LA LANGUE

9. JE DÉFIAI... NOUS DÉFIÂMES Conjuguez un verbe de votre choix au passé simple de l'indicatif et défiez un camarade de le conjuguer à une autre personne que vous lui imposerez. S'il réussit, il remporte le point, sinon le point est pour vous.

Mission : Remportez 3 points.

« Tu guéris ! Conjugue-le à la 1re personne du pluriel. »

S'EXPRIMER • Agir face aux monstres

10. Racontez, au passé simple de l'indicatif, votre rencontre avec un monstre. Après avoir brièvement décrit la créature, insistez sur votre réaction et vos actions. Aidez-vous des mots proposés.

Adjectifs : colossal • répugnant • brutal • difforme • hideux • hardi • vaillant • couard

Verbes : repousser • parer une attaque • assommer • fondre sur quelqu'un • livrer bataille

MINI-LIENS exercices interactifs : minilienrobert.com/1F6054

41. Les temps composés de l'indicatif

→ Raconter une succession d'aventures

OBSERVER

> À côté des premières traces que j'avais relevées sur le sable, d'autres, encore fraîches, marquaient le sol. Ainsi pendant que je **dormais** quelqu'un **était passé** près de mon refuge. M'avait-on vu ?
>
> Henri Bosco, *L'Enfant et la Rivière*, 1945.

1. Quelle différence dans la conjugaison constatez-vous entre les deux verbes en gras ? ....

2. Comment s'appelle chacun des éléments qui composent le verbe souligné ? ....

3. Soulignez dans le texte deux autres verbes composés de deux éléments.

APPRENDRE ET S'EXERCER

• Un **temps composé** est appelé « composé » car il contient deux éléments dans sa conjugaison : un auxiliaire et un participe.

Auxiliaire *être* ou *avoir* conjugué à un temps simple **+** Participe passé du verbe à conjuguer

• Il existe **quatre temps composés** à l'indicatif, qui sont associés chacun à un temps simple. Pour conjuguer un temps composé, on conjugue l'auxiliaire au temps simple qui correspond et on ajoute le participe passé du verbe.

Temps composé →	Temps simple correspondant =	Temps de l'auxiliaire	Exemples
passé composé	présent	*je suis / j'ai*	*je suis tombé ; j'ai mangé*
plus-que-parfait	imparfait	*j'étais / j'avais*	*j'étais tombé ; j'avais mangé*
passé antérieur	passé simple	*je fus / j'eus*	*je fus tombé ; j'eus mangé*
futur antérieur	futur simple	*je serai / j'aurai*	*je serai tombé ; j'aurai mangé*

BOÎTE À OUTILS

Quel auxiliaire choisir ?

Pour la majorité des verbes, l'auxiliaire est *avoir*. Ex. : *j'ai lu ; j'ai eu ; j'ai été*.

On utilise l'auxiliaire *être* pour quelques verbes (verbes de déplacement, verbes pronominaux). Ex. : *je suis allé(e) ; je suis resté(e) ; je me suis changé(e)*.

4. Cochez la bonne case.

	Vrai	Faux
1. Il existe trois temps composés dans le mode indicatif.	☐	☐
2. Le plus-que-parfait est un temps composé.	☐	☐

5. Reliez chaque temps composé au temps simple qui lui correspond.

passé composé •	• passé simple	nous avons •	• nous aurons eu
futur antérieur •	• imparfait	nous aurons •	• nous avions eu
plus-que-parfait •	• futur simple	nous eûmes •	• nous avons eu
passé antérieur •	• présent	nous avions •	• nous eûmes eu

6. Complétez les conjugaisons suivantes avec le bon auxiliaire, au bon temps.

Au passé composé : j'......... rangé • tu .... sorti • nous .... arrivés • vous .... mangé

Au plus-que-parfait : j'......... tombé • tu .... lu • nous .... venus • vous .... vaincu

Au passé antérieur : j'......... bu • tu .... fini • il se .... couché • vous .... appris

Au futur antérieur : j'......... conseillé • tu .... allé • il .... résolu • nous .... eu

7. Notez le numéro du temps correspondant à chaque verbe conjugué.

- j'avais découvert ......
- nous fûmes montés ......
- il est mort ......
- tu seras admiré ......
- vous aurez commencé ......
- ils furent partis ......
- je serai arrivé ......
- vous vous êtes déplacés ......

1. passé composé
2. plus-que-parfait
3. passé antérieur
4. futur antérieur

BOÎTE À OUTILS

Employé avec l'auxiliaire *être*, **le participe passé s'accorde avec le sujet**.

Ex. : *Elle m'a dit qu'elle était partie.*
Ils sont partis.

8. Complétez ce tableau.

Temps simple	Temps du verbe conjugué	Temps composé correspondant	Conjugaison au temps composé correspondant
je cueille	....	....	....
tu prendras	....	....	....
nous devînmes	....	....	....
elle croyait	....	....	....
ils dirent	....	....	....

9. Conjuguez les verbes selon le temps demandé.

1. Je regardais derrière moi, car j'(*entendre*, plus-que-parfait) .... un bruit étrange, je sortis mon épée dès que j'(*apercevoir*, passé antérieur) .... une ombre gigantesque.

2. Il débarque sur l'île vers laquelle il (*naviguer*, passé composé) ...., il cherchera de la nourriture dès qu'il (*visiter*, futur antérieur) .... les alentours.

3. Nous remarquons que nous (*rester*, passé composé) .... sur place ; pourtant, nous étions certains que nous (*se déplacer*, plus-que-parfait) .... à une vitesse vertigineuse.

S'EXPRIMER • Raconter une succession d'aventures

10. Racontez une aventure qui vous est arrivée, pleine de rebondissements. Employez principalement le passé composé. Vous conjuguerez au moins un verbe au plus-que-parfait.

MINI-LIENS
activités complémentaires : minilienrobert.com/1F6055
exercices interactifs : minilienrobert.com/1F6056

42. L'impératif présent

→ Prononcer des commandements

OBSERVER

> Je n'ai qu'un conseil à te donner : **apprends** tes leçons, **exerce**-toi souvent et **réussis** à l'école.

1. Que permettent d'exprimer les verbes en gras ? ....

2. À quel autre temps et mode ressemble la conjugaison des verbes en gras ? ....

3. Que remarquez-vous pour la conjugaison du verbe du 1er groupe ? ....

APPRENDRE ET S'EXERCER

L'impératif permet d'exprimer **l'ordre, le conseil ou l'interdiction**. Il ne se conjugue qu'à trois personnes : *tu, nous* et *vous*. Le sujet n'est pas exprimé dans la conjugaison.
Ex. : *mange, mangeons, mangez.*

1er groupe + cueillir, ouvrir et offrir	2e et 3e groupes	Verbes irréguliers	
Radical **+** **-e, -ons, -ez** *range, rangeons, rangez*	Mêmes formes qu'au **présent de l'indicatif** *finis, finissons, finissez* *prends, prenons, prenez*	***Être*** et ***avoir*** Mêmes formes qu'au **subjonctif présent** *sois, soyons, soyez* *aie, ayons, ayez*	***Savoir :*** *sache, sachons, sachez* ***Vouloir :*** *veuille, veuillons, veuillez.* Mais attention à la forme négative : *Ne m'en veux pas.* ***Aller :*** *va, allons, allez*

BOÎTE À OUTILS

Attention ! Les verbes du 1er groupe et *aller* conjugués à la 2e personne du singulier prennent un **s** s'ils sont **suivis par -*y* ou -*en***.

Ex. : *Vas-y, manges-en.*

4. Donnez la bonne réponse.

1. Pour les verbes du 2e groupe et du 3e groupe, le présent de l'impératif a les mêmes formes que le présent de l'indicatif, ce qui donne, pour le verbe *comprendre* :
Comprends ! Comprenons ! ☐ Vrai ☐ Faux

2. À l'impératif présent, ***aller*** fait : ☐ *va* ☐ *vas*

5. Trouvez le groupe de chaque verbe, puis conjuguez-le à l'impératif aux trois personnes.

couper → .... groupe ; .... , ... , ...

boire → .... groupe ; .... , ... , ...

savoir → .... groupe ; .... , ... , ...

offrir → .... groupe ; .... , ... , ...

tenir → .... groupe ; .... , ... , ...

6. Indicatif présent ou impératif présent ? Notez la lettre (a ou b) correspondant au temps de chaque verbe.

1. Vous ne dites pas grand-chose ! ......
2. Tu prends à gauche puis c'est tout droit. ......
3. Prends tes affaires et rejoins-moi. ......
4. Ne dites pas de bêtises. ......

a. Présent de l'indicatif
b. Impératif présent

7. Mettez ces phrases au présent de l'impératif.

1. Vous vous taisez et vous me les rendez. → ....

2. Tu y vas. → .... 3. Tu nous en donnes ! → ....

4. Tu ne gardes pas ce secret et tu en parles. → ....

5. Tu t'assois. → .... 6. Vous êtes sages ! → ....

8. a. Soulignez les verbes conjugués au présent de l'impératif.
b. Conjuguez-les à la première personne du pluriel.

« Ne te sers pas de l'aiguillon pour piquer mes chevaux. Ils n'ont pas besoin qu'on les presse, il faut au contraire les freiner. Pour maîtriser leur fougue, tiens fermement les rênes. Ne traverse pas le ciel en ligne droite. Prends le chemin oblique qui décrit une large courbe. »

Françoise Rachmühl, *16 métamorphoses d'Ovide*, 2003.

....

BOÎTE À OUTILS

Quand l'impératif est suivi d'un pronom complément, on les sépare par un trait d'union.

Ex. : *Tu t'en vas.*
= *Va-t'en !*
Rends-la-lui.

9. Réécrivez ces commandements au brouillon en les conjuguant au présent de l'impératif.

Dieu prononça toutes ces paroles [...] :
Tu n'auras pas d'autres dieux devant moi. [...]
Tu ne tueras pas.
Tu ne commettras pas d'adultère.
Tu ne voleras pas.
Tu ne porteras pas de témoignage mensonger contre ton prochain.
Tu ne convoiteras pas la maison de ton prochain.

La Bible de Jérusalem, Exode, 20, 1-17, 1998.

JOUONS AVEC LA LANGUE

10. C'EST MOI QUI COMMANDE ! Jouez par groupes de deux. Deux enfants d'une fratrie se disputent : l'aîné veut commander, le cadet ne veut pas obéir. Imaginez ce dialogue.

Je suis le plus grand, alors débarrasse la table et essuie la vaisselle.

Fais le toi-même et ne viens pas m'embêter !

S'EXPRIMER • Prononcer des commandements

11. Les dix commandements de la classe.
Écrivez les dix commandements à respecter pour le cours de français. Conjuguez les verbes à l'impératif présent, choisissez la personne qui vous convient le mieux.

MINI-LIENS exercices interactifs : **minilienrobert.com/1F6057**

43. Le conditionnel présent

→ Décrire un personnage diabolique

OBSERVER

1. Quels points communs et quelles différences remarquez-vous dans les formes verbales soulignées ?

2. Quels temps reconnaissez-vous ?

....

Demain, je passerai l'après-midi chez mon oncle Vlad : je m'amuserais volontiers en écoutant ses récits de vampires... Tu décideras de me rejoindre ou non ; mais si tu faisais sa connaissance, peut-être cesserais-tu de croire qu'il est lui-même un cousin de Dracula !

APPRENDRE ET S'EXERCER

• Le **conditionnel présent** se conjugue à partir du **radical du futur** (souvent l'infinitif du verbe) auquel on ajoute les **terminaisons de l'imparfait**.

	réussir	Terminaisons de l'imparfait
je	Radical du futur	*-ais*
tu		*-ais*
il/elle/on		*-ait*
nous		*-ions*
vous		*-iez*
ils/elles		*-aient*

*je **réussirais***

• Comme pour le futur de l'indicatif, il faut connaître le radical irrégulier de certains verbes.

*avoir → j'**aur**ais*
*être → tu **ser**ais*
*aller → il **ir**ait*
*vouloir → nous **voudr**ions*
*pouvoir → vous **pourr**iez*
*venir → je **viendr**ais*

→ 38 p. 102

BOÎTE À OUTILS

Ne pas confondre le conditionnel présent et l'imparfait. L'imparfait ne se forme pas à partir du radical du futur, mais à partir du radical du présent.

Ex. : *tu **mange**ais* (imparfait) ≠ *tu **manger**ais* (conditionnel)

3. Reliez les formes verbales à leur temps et à leur mode.

je finirais •	• imparfait •	• je rêverai
je finirai •	• futur •	• je rêvais
je finissais •	• conditionnel présent •	• je rêverais

4. Complétez le tableau suivant.

Verbe conjugué	Temps du verbe conjugué	Infinitif du verbe	Au conditionnel présent
Elles soupiraient	....	....	....
Il pouvait	....	....	....
Nous irons	....	....	....
Vous essuyiez	....	....	....
Je m'affaiblissais	....	....	....

5. Conjuguez les verbes entre parenthèses au conditionnel présent.

Le sorcier trouva la lampe du génie et se mit à réfléchir aux vœux qu'il (formuler) .... : « Génie, si tu étais si puissant, tu m'(accorder) .... la laideur la plus terrifiante, j'(effrayer) .... les enfants qui (frémir) .... à ma vue. J'(avoir) .... des pouvoirs qui me (permettre) .... de faire des autres mes marionnettes. Mais, surtout, malgré ma laideur, une princesse m'(aimer) .... comme je (être) ....

• **Les emplois du conditionnel présent**

Quand employer le futur ou le conditionnel pour ne pas les confondre ?

Le conditionnel est un mode qui exprime un fait **qui dépend d'une condition, d'une hypothèse**.
Ex. : *Si tu venais* (= à la condition que tu viennes), *je ser**ais** heureux de te voir.*
Le conditionnel présent peut aussi être employé pour envisager une action future vue à partir du passé.
Ex. : *Dès hier, je savais que le film de ce soir te fer**ait** peur !*

Le futur est un temps de l'indicatif, utilisé pour exprimer un fait dont on est à peu près sûr dans l'avenir (à partir du présent).

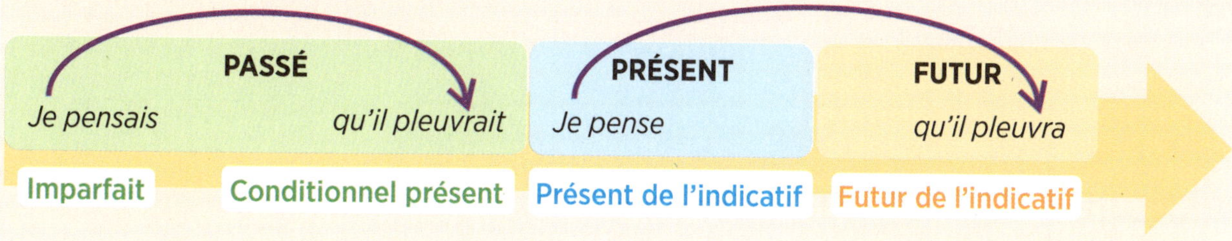

6. Complétez ces phrases en choisissant entre le futur de l'indicatif et le conditionnel présent.

1. Blanche-Neige chante en rangeant la maison, bientôt elle (croquer) .... la pomme empoisonnée.

2. La Belle au bois dormant espérait qu'un prince (venir) .... la libérer.

3. « Tu (engraisser) .... ton frère, car je m'en (nourrir) .... quand il (être) .... gras. » La sorcière pensait que Gretel (obéir) .... et (faire) .... ce qu'elle lui demandait.

4. Si la Bête n'épargnait pas son père, la Belle se (sacrifier) .... à sa place.

JOUONS AVEC LA LANGUE

7. LA BONNE FÉE **Imaginez que vous rencontrez une bonne fée. Qu'aimeriez-vous qu'elle fasse pour vous ? Vous pouvez formuler trois vœux.**
J'imaginais / J'espérais que vous...

S'EXPRIMER • Décrire un personnage diabolique

8. Imaginez que vous êtes un méchant personnage de conte merveilleux. Décrivez-vous. Que feriez-vous ?
Si j'étais un personnage diabolique de contes, je...

MINI-LIENS
exercices interactifs :
minilienrobert.com/1F6058

44. Les emplois de l'imparfait et du passé simple

→ Écrire une partie d'un conte

OBSERVER

1. À quel temps les verbes surlignés en vert sont-ils conjugués ? ....

2. À quel temps les verbes surlignés en rose sont-ils conjugués ? ....

3. Pourquoi serait-il plus difficile d'imaginer la version suivante : « Enfin, pourtant, un œuf s'ouvrait ; la coquille se cassait, on entendait *Pip, pip !* et une petite tête de canard venait au jour » ?

....

....

Dans l'embrasure des murailles d'un splendide château se tenait une cane ; elle y avait établi son nid, et elle couvait ses œufs. Pendant qu'elle attendait avec impatience l'arrivée de ses petits, elle s'ennuyait car les autres canes venaient rarement lui rendre visite. Enfin, pourtant, un œuf s'ouvrit ; la coquille se cassa, on entendit *Pip, pip !* et une petite tête de canard vint au jour.

D'après Hans Christian Andersen, « Le Vilain Petit Canard », *Contes*, 1835-1872.

APPRENDRE ET S'EXERCER

Imparfait de l'indicatif
- Les actions qui ne sont **pas clairement délimitées ou situées** dans le temps, ou qui **se répètent.**
- La **description** dans le passé.

Passé simple de l'indicatif
- Actions qui sont **clairement limitées ou situées** dans le passé.
- **Enchaînement** d'événements, d'actions.

4. Surlignez en vert les verbes conjugués à l'imparfait de l'indicatif et en rouge ceux qui sont conjugués au passé simple de l'indicatif.

je croyais • ils suivaient • ils revinrent • nous rentrions • vous passâtes • il mangea • ils caquetèrent • elles babillaient • tu suivais • elle refit • il sut • je pris • je jouai • je menai

5. a. Conjuguez les verbes au temps du passé qui convient dans le texte suivant.

Le château (se tenir) .... au sommet d'une colline. Quand on (se trouver) .... tout en haut de la tour, la vue (s'étendre) .... au loin. Quand il (faire) .... beau, on (pouvoir) .... même distinguer chacun des toits de la ville. Non loin de là, une rivière (serpenter) .... gaiement et (rendre) .... le paysage particulièrement plaisant.

b. Complétez cette phrase.

Le temps qui convient ici est ...., parce que le texte est une ....

6. a. Conjuguez les verbes du texte au temps du passé qui convient.

Un jour, une vieille cane (rendre) .... visite à la maman des poussins. En voyant le dernier œuf, elle (s'écrier) .... tout à coup : « Mais il s'agit d'un œuf de dindon ! » À ces mots, la maman cane (afficher) .... sa surprise et son inquiétude. Quelques jours plus tard, quand enfin elle (entendre) .... l'œuf se craqueler, elle (pousser) .... un soupir de soulagement et (déclarer) .... ceci : « Ouf ! Il n'est peut-être pas beau, mais au moins, ce n'est pas un dindonneau ! »

b. Quel temps avez-vous utilisé ? ....

c. Justifiez l'emploi de ce temps en surlignant dans le texte les indices temporels qui délimitent ou situent clairement les actions dans le temps.

Ex. : *hier, soudain, à six heures*

7. Conjuguez les verbes suivants à l'imparfait ou au passé simple de l'indicatif, selon ce qui convient.

La cane (être) .... impatiente de voir éclore ses œufs. Chaque jour, elle (tâter) .... délicatement du bec leur fine coquille afin de réveiller ses petits, mais ceux-ci ne (sembler) .... pas pressés de faire leur apparition. Un jour qu'elle (trouver) .... le temps particulièrement long, on (entendre) .... soudain des petits bruits de bec qui (chercher) .... à percer la surface d'un œuf. Tout à coup, une belle tête de poussin (apparaître) .... ; puis ce (être) .... le tour d'un autre, puis d'un autre. Tous les œufs (être) .... désormais éclos et la cane s'en (réjouir) .... fort, quand elle (s'apercevoir) .... qu'il en (rester) .... encore un intact : le dernier petit canard (continuer) .... à dormir tranquillement à l'intérieur de sa coquille.

S'EXPRIMER • Écrire une partie d'un conte

8. Voici une gravure de Gustave Doré illustrant l'histoire du Petit Poucet. Écrivez deux phrases servant à décrire le lieu et les personnages présents et deux phrases pour décrire les événements qui sont suggérés par cette image. Vous emploierez l'imparfait et le passé simple selon ce qui convient.

....

....

....

....

Gustave Doré, illustration pour le conte « Le Petit Poucet », 1867.

MINI-LIENS exercices interactifs : minilienrobert.com/1F6059

45. Les homophones du verbe être

→ Formuler une morale dans un fabliau

OBSERVER

1. Identifiez la classe grammaticale des mots surlignés en vert. ....
Quels autres mots se prononçant de la même façon connaissez-vous ?

....

> Ce fabliau veut nous montrer que fol est qui ne se résigne. Le bien est à qui Dieu le donne et non à celui qui l'enfouit. Nul ne doublera son avoir sans grande chance, pour le moins.
>
> Jean Bodel, « Brunain la vache au prêtre », XIIe siècle.

2. Faites de même pour le mot surligné en bleu.

- Classe grammaticale : .... • Mots se prononçant de la même façon : ....

APPRENDRE ET S'EXERCER

Le verbe être au présent de l'indicatif et ses homophones

- *(tu)* ***es*** et *(il)* ***est*** se prononcent comme :
  - ***ai***, ***aie***, ***aies***, ***ait*** (*avoir* pour différents temps et différentes personnes) ;
  - *(je, tu)* ***hais*** et *(il/elle)* ***hait*** (*haïr* au présent de l'indicatif) ;
  - ***haie*** (nom féminin).
- ***et*** se prononce presque de la même manière (conjonction de coordination).

- *(je)* ***suis*** *(être)* se prononce comme : *(je, tu)* ***suis***, *(il)* ***suit*** (*suivre* au présent de l'indicatif).

- *(nous)* ***sommes*** se prononce comme : *(une)* ***somme*** (nom féminin).

- *(ils)* ***sont*** se prononce comme :
  - ***son*** (déterminant possessif) ;
  - ***son*** (nom masculin).

3. Soulignez les formes du verbe *être* dans le texte suivant.

> Alors qu'il est juché sur son âne, un prêtre se rend au marché de bon matin. Avant qu'il n'ait le temps d'arriver à la ville, il aperçoit un mûrier. Les fruits y sont si nombreux et si appétissants que le prêtre décide de s'y arrêter pour cueillir les baies. Mais comme il est trop petit pour atteindre le sommet de la haie, il suit une fameuse idée : il monte sur son âne afin de se hisser bien haut. Le pauvre prêtre est bien mal payé de son péché de gourmandise : il chute en plein cœur de l'arbre aux épines ! Il est bien songe-creux celui qui suit de trop près son instinct.
>
> D'après Garin, « Le prêtre qui mangea les mûres » (fabliau médiéval).

4. Écrivez correctement le son /ɛ/ dans les phrases suivantes.

1. Le vilain .... son épouse cherchent à jouer un méchant tour au maire du village.

2. Depuis sa mésaventure, le prêtre .... les mûres.

3. Si tu .... prudent, tu ne seras pas victime des farces des polissons .... tu éviteras d'être la risée du village.

4. Qu'il .... de l'argent ou non, son épouse l'aime tendrement.

5. Bien qu'il n'......... pas attiré beaucoup de spectateurs, le jongleur .... heureux de la somme qu'il a reçue.

5. À partir des phrases ci-dessous, classez correctement les mots qui se prononcent /sõ/ dans le tableau (en y reportant les numéros des phrases).

1. Bientôt, la foule se mit à danser au son des instruments.
2. Son tour joué, le renard partit bien vite se cacher.
3. Les habitants sont toujours heureux de se retrouver pour la fête du village.
4. Le médecin et son (4a) assistant sont (4b) souvent appelés pendant l'hiver.
5. Sont bien sots ceux qui se laissent aller à leurs péchés sans réfléchir.
6. Il dissimula habilement dans son (6a) sac le fruit de son (6b) larcin.

Verbe *être* au présent à la 3e personne du pluriel	Déterminant possessif	Nom commun
....	....	....

6. Précisez, pour chacune de ces phrases, s'il s'agit du verbe *suivre* ou du verbe *être*.

1. Il suit une mauvaise pente : il finira en prison. → ....
2. Je suis toujours le cours avec beaucoup d'attention. → ....
3. Je suis toujours attentive en cours. → ....
4. Tu suis souvent les polissons du village. → ....
5. Il suit régulièrement le chemin tracé par les roues des charrettes. → ....
6. Je suis particulièrement enthousiaste à l'idée de participer à cette fête. → ....

JOUONS AVEC LA LANGUE

7. Inventez une phrase qui, à partir du verbe *être*, joue sur les répétitions de sonorités de manière comique.
Ex. : *Il est laid, et il hait le lait.*
Je suis la suie, toujours seule ; car suit-on la suie ?

S'EXPRIMER • Formuler une morale dans un fabliau

8. Imaginez la suite d'un fabliau. Racontez l'histoire de deux frères. L'un des deux fera une bêtise, que l'autre essaiera de réparer.

Il y avait jadis deux frères, n'ayant plus ni père ni mère pour les conseiller et qui vivaient dans une extrême pauvreté. Leur voisin était un homme très riche qui avait dans son jardin des choux à volonté et dans son étable des brebis en quantité. Comme chacun le sait, Pauvreté fait perdre la tête…

Imaginez la suite de ce récit en quelques lignes. Finissez votre texte par un propos général au présent dans lequel vous emploierez au moins un couple d'homophones. Ex. : *son / sont* ou *est / ai*.

MINI-LIENS
exercices interactifs :
minilienrobert.com/1F6060

46. Les homophones du verbe avoir

→ Moderniser un conte traditionnel

OBSERVER

1. Parmi les mots surlignés, entourez le verbe *avoir*.

2. Identifiez la classe grammaticale des autres mots surlignés.

....

....

Le loup tente d'entrer chez Delphine et Marinette en l'absence de leurs parents. Ensemble, ils évoquent le petit chaperon rouge.

– Je ne vous dis pas, consentit le loup. Je l'ai mangé, c'est entendu. Mais c'est un péché de jeunesse. Il y a si longtemps, n'est-ce pas ? À tout péché miséricorde… Et puis, si vous saviez les tracas que j'ai eus à cause de cette petite ! Tenez, on est allé jusqu'à dire que j'avais commencé par manger la grand-mère […].

Marcel Aymé, « Le loup », *Les Contes du chat perché*, 1934-1946.

APPRENDRE ET S'EXERCER

Le verbe avoir et ses homophones

- Sans accent, ***a*** est le verbe *avoir*. Il peut aussi s'écrire ***as*** pour la 2ᵉ personne du singulier.
- Avec un accent, ***à*** est une préposition.
- Orthographié ***ont***, le son /ɔ̃/ est le verbe *avoir* conjugué à la 3ᵉ personne du pluriel.
- Orthographié ***on***, le son /ɔ̃/ est le pronom personnel.

3. Soulignez le verbe *avoir* en vert et la préposition *à* en rouge.

Sur le chemin de forêt qui mène à sa mère-grand, le petit chaperon rouge a rencontré un loup, bien caché derrière un talus. Quand celui-ci l'a aperçu, il a profité du temps où la petite fille a cueilli des fleurs pour arriver à la maison de la vieille dame. Une fois que le loup a dévoré celle-ci, il lui a pris son lit et il a chaussé ses lunettes pour faire croire à la petite fille que sa grand-mère était malade dans son lit. À l'arrivée du petit chaperon rouge, le loup a continué à jouer son rôle, puis il l'a mangé. Heureusement, le chasseur a compris les mauvaises intentions du loup et a pu sauver la grand-mère et sa petite-fille.

Pour distinguer ***a*** de ***à***, on peut essayer de remplacer le son /a/ par ***avait***. Si l'on peut utiliser le verbe *avoir* à l'imparfait, on est sûr qu'il ne s'agit pas de la préposition *à* et qu'il n'y a donc pas d'accent.

4. Écrivez correctement le son /a/ dans les phrases suivantes.

1. Tu ...... raison de ne pas ouvrir au loup. **2.** ...... la fin de l'histoire, c'est le loup qui se fait avoir. **3.** Delphine ...... eu peur de rester seule sans sa sœur. **4.** Il ...... bien fait d'aller se cacher. **5.** C'est ...... contrecœur que le loup ...... dû repartir dans la forêt. **6.** Il ...... bien failli réussir ...... entrer dans la maison des enfants. **7.** ...... chaque fois que tu t'absentes, pense bien ...... fermer la porte derrière toi.

5. Soulignez en bleu le verbe *avoir* précédé d'un pronom, en rouge le pronom *la* et en vert le déterminant *la*.

Au XIXe siècle, les frères Grimm ont fixé à l'écrit des contes très anciens que l'on a conservés dans la mémoire collective par transmission orale. Cette transmission orale est importante, il ne faut pas la sous-estimer ! Souvent, on lit les contes aux enfants, mais ils s'adressent en réalité aux adultes car, on l'a trop peu rappelé, ces récits ont vocation à enseigner une morale. On trouve généralement cette morale à la fin de l'histoire, mais on peut parfois la lire dès le début.

BOÎTE À OUTILS

Attention à ne pas confondre ***la*** (article devant un nom féminin ou pronom féminin de la 3e personne), ***là*** (adverbe de lieu, comme *là-bas*) et ***l'a*** (pronom personnel *l'* devant le verbe *avoir*). Vous pouvez remplacer le mot par *avait* pour vérifier qu'il s'agit bien du verbe *avoir*.

6. Écrivez correctement le son /la/ dans les phrases suivantes.

1. Cette histoire, il ...... oubliée très vite après l'avoir lue. **2.** Tu ...... cherches depuis trop longtemps : tu devrais maintenant ...... remplacer. **3.** Je crois qu'il ne ...... pas fait exprès. **4.** ...... forêt était ensoleillée au moment où le loup ...... vit sur le chemin. **5.** C'est ...... , derrière les arbres, que le loup se cachait en épiant la fillette : il ...... guettait. **6.** Le chasseur ...... vu de loin : pas de doute, c'était bien le loup ! **7.** Le chasseur courut si vite vers le loup que lorsqu'il arriva, le sauvage animal était encore ...... et n'avait pas eu le temps de fuir.

7. Écrivez correctement le son /õ/ dans les phrases suivantes.

1. ...... a tort de croire que les contes ne sont que pour les enfants. **2.** ...... a longtemps raconté les contes à travers les récits oraux. **3.** Les frères Grimm ...... voulu garder la trace de contes qui risquaient de disparaître de la mémoire collective. **4.** Les contes ...... parfois inspiré des œuvres très modernes. **5.** Aujourd'hui encore, ... apprécie les contes. **6.** Certains écrivains les ...... repris pour en écrire de nouvelles versions.

S'EXPRIMER • Moderniser un conte traditionnel

8. Imaginez la suite du récit du loup qui se plaint d'avoir une mauvaise réputation à cause de l'histoire du chaperon rouge et qui cherche à jouer avec Delphine et Marinette. Votre récit devra être écrit au passé composé et les orthographes différentes de /a/, /la/ et /õ/ devront apparaître au moins une fois chacune.

MINI-LIENS exercices interactifs : minilienrobert.com/1F6061

47. Les terminaisons verbales -é, -er, -ez

→ Raconter une aventure peu rassurante

OBSERVER

1. Expliquez à quoi correspond la terminaison *-ez* surlignée en rose dans le texte.

2. À quel mode les verbes dont les terminaisons sont surlignées en vert sont-ils conjugués ? ....

3. Comment expliquez-vous que la terminaison du mot surligné en bleu ne s'orthographie pas *-er* ?

Un groupe de comédiens demandent l'hospitalité dans un château qui semble abandonné.

– Si je comprends bien ce que vous dites, vous êtes des comédiens de province en tournée et vous av**ez** **dévié** du droit chemin.

– On ne saurait mieux élucid**er** mes paroles, répondit l'acteur, et vous parl**ez** de cire[1]. Puis-je espér**er** que Votre Seigneurie m'accorde ma requête ?

Théophile Gautier, *Le Capitaine Fracasse*, 1863.

1. vous parlez de cire : vous parlez fort bien.

APPRENDRE ET S'EXERCER

À la fin des verbes, le son /e/ (= appelé é fermé) peut s'écrire :

le son /e/

ez
Marque de la 2e personne du pluriel
*Vous ven**ez***

er
Marque de l'infinitif des verbes du 1er groupe
*Arriv**er***

é / ée / és / ées
Marque du participe passé (attention à l'accord possible en genre et en nombre)
*Elles sont arriv**ées***

4. Soulignez les verbes dont la terminaison se prononce /e/, puis classez-les dans le tableau suivant.

Soyez les bienvenus dans mon misérable château ! Vous en verrez, certes, le délabrement, et je ne puis assurer que ma table saura vous contenter ; mais vous y serez accueillis aussi bien que possible. Ne prenez pas peur au bruit du vent qui partout trouve à s'engouffrer dans les chambres : il ne s'agit pas de fantômes. Ceux-ci, désespérés par l'état des lieux, se sont depuis longtemps éloignés vers d'autres bâtisses !

Marque de la 2e personne du pluriel	Marque du participe passé	Marque de l'infinitif des verbes du premier groupe
....	....	....
....	....	....
....	....	....
....	....	....

5. Écrivez correctement le son /e/.

1. Vous vous éloign...... trop. **2.** Vous dev...... d'abord lire le texte. **3.** Il est mont...... en scène avec un peu de retard. **4.** Il va falloir arriv...... plus tôt la prochaine fois. **5.** Si tu as tout mang...... à la fin du repas, tu pourras all...... jou...... ; **6.** Si vous le souhait......, vous pouv...... dîn...... avec nous. **7.** Pour voyag...... en toute sérénité, il vaut mieux bien organis...... son parcours.

Pour savoir rapidement si l'on a affaire à un participe passé ou à un verbe du 1er groupe à l'infinitif, on peut le remplacer par un verbe du 3e groupe dont l'infinitif et le participe passé ne se prononcent pas de la même façon.

Ex. : *Il faut tout nettoy... **-é** OU **-er** ?*
Il faut tout ~~mordu~~ / mordre.
→ C'est l'infinitif qu'il faut employer : *Il faut tout nettoyer.*

6. Choisissez entre participe passé et infinitif.

Les comédiens ont voulu arriv...... au château avant la tombée de la nuit. Après avoir frapp...... à la grande porte, un étrange personnage s'est présent...... à eux. Les comédiens ont alors expliqu...... qu'ils n'avaient nulle part où dormir et qu'ils auraient voulu log...... au château. Le propriétaire décida de leur accord...... cette faveur.

BOÎTE À OUTILS

L'accord du participe passé

Le participe passé **s'accorde toujours** avec le sujet quand on utilise l'auxiliaire ***être***.

Ex. : *Ils sont arrivés tard.*

Avec l'auxiliaire ***avoir***, on **n'accorde jamais** (*ils ont tout mangé*) **sauf** quand l'auxiliaire ***avoir* est précédé d'un COD**. Dans ce cas, c'est avec le COD que l'accord se fait.

*Les fraises **qu**'il a mangées viennent de notre jardin. Il **les** a toutes mangées.*

7. Accordez correctement les participes passés.

Quand les comédiens sont arriv...... devant le château, ils ont tout d'abord souhait...... faire marche arrière. Mais ils savaient qu'une fois que la nuit serait tomb......, ils seraient oblig...... de dormir à la belle étoile. Or, la campagne était gel...... depuis quelques jours et les comédiens n'avaient pas crois...... d'autres habitations aux alentours. Même si les ruines qu'ils avaient trouv...... les encourageaient peu à demander l'hospitalité, ils se résolurent tout de même à frapper à la grande porte.

S'EXPRIMER • Raconter une aventure peu rassurante

8. Racontez votre arrivée et votre nuit passée dans un château en ruine à des camarades de classe. Vous emploierez au moins cinq verbes orthographiés avec les différentes terminaisons vues dans cette leçon. Utilisez aussi la 2e personne du pluriel.

MINI-LIENS
activités complémentaires : minilienrobert.com/1F6066
exercices interactifs : minilienrobert.com/1F6062

BILAN 4 Fiches 37 à 47

Le Loup et le jeune Mouton

Des moutons étaient en sûreté dans leur parc. Les chiens dormaient, et le berger, à l'ombre d'un grand ormeau[1], jouait de la flûte avec d'autres bergers voisins. Un loup affamé vint, par les fentes de l'enceinte, reconnaître l'état du troupeau. Un jeune mouton sans expérience et qui n'avait jamais rien vu, entra en conversation avec lui : « Que venez-vous chercher ici ? dit-il au glouton. – L'herbe tendre et fleurie, lui répondit le loup. Vous savez que rien n'est plus doux que de paître dans une verte prairie émaillée de fleurs, pour apaiser sa faim, et d'aller éteindre sa soif dans un clair ruisseau. J'ai trouvé ici l'un et l'autre. Que faut-il davantage ? J'aime la philosophie[2] qui enseigne à se contenter de peu. – Est-il donc vrai, repartit le jeune mouton, que vous ne mangez point la chair des animaux, et qu'un peu d'herbe vous suffit ? Si cela est, vivons comme frères, et paissons ensemble. » Aussitôt le mouton sort du parc dans la prairie, où le sobre philosophe le mit en pièces et l'avala. Défiez-vous des belles paroles des gens qui se vantent d'être vertueux. Jugez-en par leurs actions et non par leurs discours.

Fénelon, « Le Loup et le jeune Mouton », *Fables et Opuscules pédagogiques*, 1718.

1. Jeune orme, arbre à feuilles dentelées. **2.** (Ici) la sagesse.

BILAN Niveau 1

1. Soulignez dans le texte huit verbes à l'infinitif.

2. À quel temps les verbes des deux premières phrases sont-ils conjugués ? ....

....

3. a. À quel infinitif la forme « vint » (l. 4) correspond-elle ? ....

Identifiez le mode et le temps de cette forme.

mode : .... temps : ....

b. Encadrez dans le texte une autre forme conjuguée du même verbe, et identifiez-en le temps et le mode.

mode : .... temps : ....

4. Lequel de ces deux verbes apparaît dans le texte au passé composé de l'indicatif ?

☐ voir ☐ trouver

5. Recopiez trois verbes du texte conjugués au présent de l'impératif. ....

....

6. Surlignez la morale du récit. À quelle personne les verbes y sont-ils conjugués ? ....

À qui l'auteur s'adresse-t-il alors ? ....

....

BILAN Niveau 2

7. Donnez les infinitifs des verbes suivants et indiquez à quel groupe de conjugaison (1er, 2e ou 3e) ils appartiennent.

- dormaient : ....
- vint : ....
- répondit : ....
- repartit : ....
- suffit : ....
- mit : ....

8. À quels temps de l'indicatif les verbes suivants sont-ils conjugués ?

- étaient : ....
- jouait : ....
- vint : ....
- avait [...] vu : ....
- entra : ....
- dit(-il) : ....

9. Soulignez dans le texte dix verbes conjugués au présent de l'indicatif.

10. Encadrez dans le texte une forme conjuguée du verbe *paître*. Identifiez le mode et le temps de cette forme.

mode : .... temps : ....

11. Relevez trois autres verbes conjugués au même mode et au même temps. ....

....

....

12. Accordez correctement le participe passé dans la phrase suivante.

Le loup cherchait une verte prairie, et il l'a trouv....... .

13. Surlignez la morale de cette fable en prose. À quelle personne les verbes y sont-ils conjugués ? ....

À qui l'auteur s'adresse-t-il alors ? ....

....

BILAN Niveau 3

14. Soulignez dans le texte tous les verbes conjugués au passé simple de l'indicatif.

15. Donnez le groupe de conjugaison de chaque verbe.

- dormaient : ....
- repartit : ....
- dit : ....
- suffit : ....
- répondit : ....
- mit : ....

16. Justifiez le passage de l'imparfait au passé simple de l'indicatif au cours des trois premières phrases du texte. ....

....

....

17. Recopiez le verbe du texte conjugué au plus-que-parfait de l'indicatif, puis entourez l'auxiliaire en bleu et le participe passé en rouge. ....

18. Accordez correctement les participes passés dans la phrase suivante.

Le loup cherchait une verte prairie, et il l'a trouv...... ; il était surtout en quête de moutons, et il les a trouv...... !

19. Encadrez dans le texte une forme conjuguée du verbe *paître*. Identifiez le mode et le temps de cette forme.

mode : .... temps : ....

20. Faites l'exercice 11.

21. Faites l'exercice 13.

EXERCICES

1. Au brouillon, conjuguez les verbes suivants au temps de l'indicatif et à la personne demandés.

- **se lever** (présent, 2e pers. du sing.)
- **partager** (présent, 1re pers. du pl.)
- **modeler** (présent, 1re pers. du sing.)
- **aboutir** (présent, 3e pers. du sing.)
- **jaunir** (présent, 2e pers. du pl.)
- **meurtrir** (présent, 3e pers. du sing.)
- **tenir** (présent, 2e pers. du sing.)
- **vendre** (présent, 1re pers. du sing.)
- **éteindre** (futur, 1re pers. du sing.)
- **aller** (futur, 2e pers. du pl.)

2. Écrivez les bonnes terminaisons : *-é, -és, -ez, -er.*

1. Je crois bien, cher corbeau, que le renard vous a tromp... . **2.** Il fallait vous méfi... davantage ! **3.** Les oiseaux comme vous sont faciles à dup... . **4.** Le renard a vant... vos mérites, et vous vous êtes fourvoy... sur ce qui se passait sous vos yeux. **5.** Il a employ... la ruse pour vous vol... tous les fromages que vous aviez accumul... !

3. Réécrivez ce texte au passé : transformez les verbes en gras, en employant l'imparfait et le passé simple, selon ce qui convient.

Une Sorcière veut attaquer un moine et ses disciples qui passent près de son logis ; mais le Singe Souen Wou-kong protège ses amis par ses pouvoirs magiques.

Alors elle **descend** .... de la montagne et **trouve** .... le moine et ses disciples en méditation, les yeux mi-clos. Le Singe n'**est** .... pas là. « La chance est avec moi ! » **pense**-t-elle ...., et elle **veut** .... se jeter sur le moine. Mais du cercle **partent** .... des rayons éblouissants qui l'**empêchent** .... de passer. Elle **tente** .... à plusieurs reprises d'y pénétrer. Mais le cercle **est** .... comme un mur d'acier. « Il ne sera pas dit qu'ils seront plus malins que moi, **pense** .... la Sorcière, je vais me métamorphoser pour mieux les tromper. » Et secouant la tête, elle **disparaît** .... derrière un rocher.

D'après Wu Cheng'en, *La Pérégrination vers l'Ouest*, XVIe s., trad. du chinois.

PROJET 4. *Écrire une péripétie d'un roman d'aventures*

ÉTAPE 1 LIRE UN RÉCIT D'AVENTURES

L'Évasion de Kamo *est le quatrième tome d'une série relatant les aventures d'un collégien, Kamo, et de son ami, le narrateur du récit. Comme sa mère est partie en Russie à la recherche de ses ancêtres, Kamo passe ses vacances dans le Vercors avec le narrateur. Dans ce passage, Kamo apparaît soudain à ses amis, alors qu'il était resté à la maison, refusant de faire du vélo...*

C'était la fin du déjeuner, et nous étions là, sur l'herbe jaune, à bavarder dans l'admiration de Kamo. Pope avait ouvert la bouteille thermos et le parfum de notre café était en train de s'emparer du Vercors quand Moune s'écria :

– Regardez !

Nos regards suivirent son doigt tendu, au bout duquel, là-bas, un cycliste était sorti de la route pour dévaler vers nous à travers champs. Il godillait[1] entre les rochers, sautait les bosses comme un cheval de rodéo. Les garde-boue de sa bicyclette lançaient des messages chaque fois qu'ils captaient le soleil.

– Nom de nom, murmura Pope, il va se…

Mais la bicyclette retombait toujours d'aplomb sur l'herbe, zigzaguant, s'envolant de nouveau, atterrissant encore, tout cela dans le grincement des ressorts, les gémissements de la selle, les tintements de la sonnette et les hurlements de Kamo qui, dès qu'il fut assez près, se mit à crier :

– Elle a téléphoné ! Elle a téléphoné !

Ce vélo noir à crinière éclatante, c'était vraiment le mustang[2] fou cherchant à expédier son cow-boy sur la lune !

– Attention, cria Pope en se dressant de toute sa taille, freine !

Et Pope se mit à gesticuler comme un de ces types à casquettes phosphorescentes, sur les porte-avions, quand le zinc donne l'impression qu'il va tomber dans la flotte.

– Arrête-toi !

Moune et moi battions l'air tout comme Pope. Kamo devait prendre ça pour des applaudissements parce que, au lieu de ralentir, il lâcha le guidon, et, au plus fort de sa vitesse, fit les gestes du vainqueur devant la foule en délire. La bicyclette tchécoslovaque s'envola une dernière fois…

Daniel Pennac, *L'Évasion de Kamo*, 1992.

1. Godiller : manœuvrer une embarcation en se servant d'un aviron situé sur le tableau arrière ; technique de ski consistant à enchaîner de très courts virages. **2. Mustang** : cheval d'Amérique du Nord, descendant de chevaux espagnols, vivant à l'état sauvage et capturé pour le rodéo.

1. En relisant attentivement l'introduction du texte et le texte, répondez à ces deux questions :

a. L'arrivée de Kamo est-elle attendue par ses amis ? ....

b. Quelle nouvelle Kamo veut-il annoncer à ses amis ? ....

2. a. Au début du texte, quel sentiment Kamo suscite-t-il chez ses amis ? ....

b. Quelle émotion ressentent-ils quand ils le voient arriver ? ....

c. À la fin du texte, quelle émotion Kamo croit-il susciter chez ses amis ? ....

3. Formulez deux questions que le lecteur peut se poser à la fin de la lecture du passage.

1. ....

2. ....

ÉTAPE 2 CRÉER UN RÉCIT MOUVEMENTÉ

4. Relisez le passage suivant.

Un cycliste était sorti de la route pour dévaler vers nous à travers champs. Il godillait entre les rochers, sautait les bosses comme un cheval de rodéo. Les garde-boue de sa bicyclette lançaient des messages chaque fois qu'ils captaient le soleil. [...] Mais la bicyclette retombait toujours d'aplomb sur l'herbe, zigzaguant, s'envolant de nouveau, atterrissant encore, tout cela dans le grincement des ressorts, les gémissements de la selle, les tintements de la sonnette et les hurlements de Kamo.

a. Soulignez les neuf verbes de mouvement. Quelle impression produit leur grand nombre ?

....

b. Parmi les verbes que vous avez soulignés, entourez les verbes à l'imparfait de l'indicatif et mettez entre crochets les verbes au participe présent.

- **L'imparfait exprime ici une action :** (cochez les cases qui conviennent)
☐ qui se produit une fois. ☐ qui se produit plusieurs fois. ☐ qui dure. ☐ qui est présentée comme achevée. ☐ qui est présentée comme en train de se dérouler.
- **Le participe présent exprime une action :** (cochez la bonne case)
☐ qui se produit en même temps que l'action principale. ☐ qui se produit avant l'action principale. ☐ qui se produit après l'action principale.

5. Mettez les verbes entre parenthèses à l'imparfait de l'indicatif ou au participe présent pour décrire une course folle.

Nous regardions le skieur descendre la piste noire. Tantôt il (*aller*) .... tout droit, tantôt il (*multiplier*) .... les virages, (*onduler*) .... avec élégance, (*plier*) .... les genoux à l'approche d'une bosse, (*se redresser*) .... ensuite comme pour s'envoler. Il (*vaciller*) .... parfois, mais ne (*perdre*) .... jamais l'équilibre, se (*rétablir*) .... au dernier moment.

ÉTAPE 3 ANIMER LE RÉCIT EN RAPPORTANT DES PAROLES

6. a. Quel signe de ponctuation signale les paroles des personnages ? ....

b. Dans les passages dialogués, soulignez ce qui est prononcé par les personnages et entourez les verbes qui introduisent ces paroles.

- **Où ces verbes peuvent-ils être placés ?** ....
- **Où peut se trouver le sujet de ces verbes ?** ....

7. Proposez au moins un synonyme pour chacun de ces verbes introduisant des paroles.

- dire : .... • répondre : .... • murmurer : ....
- crier : .... • s'écrier : ....

8. a. À quel temps sont conjugués les verbes dans les paroles ? ....

b. À quel temps sont conjugués les verbes qui introduisent les paroles ? ....

9. **Après la réplique de la ligne 31, placez un verbe de parole en employant le temps adéquat.**

– Arrête-toi ! ....

ÉTAPE 4 METTRE EN RELIEF UNE PÉRIPÉTIE GRÂCE AUX TEMPS DES VERBES

10. **Observer l'emploi des temps.** → 39 à 41 p. 104 à 109

a. « Pope avait ouvert la bouteille thermos et le parfum de notre café était en train de s'emparer du Vercors quand Moune s'écria : [...] »

Surlignez le verbe exprimant une action qui précède les deux autres et précisez à quel temps de l'indicatif il est conjugué : ....

b. **Dans le passage suivant, soulignez les verbes à l'imparfait de l'indicatif et entourez les verbes au passé simple de l'indicatif.** → 44 p. 114

« Moune et moi battions l'air tout comme Pope. Kamo devait prendre ça pour des applaudissements parce que, au lieu de ralentir, il lâcha le guidon, et, au plus fort de sa vitesse, fit les gestes du vainqueur devant la foule en délire. »

c. **Cochez le bon sujet pour chaque affirmation.**

☐ Le passé simple ☐ L'imparfait met au premier plan une action.

☐ Le passé simple ☐ L'imparfait relate les circonstances et les actions de second plan.

11. **Complétez le texte suivant en conjuguant les verbes au bon temps de l'indicatif : imparfait, plus-que-parfait ou passé simple. Les actions à mettre au premier plan sont soulignées.**

Moune et moi (regarder) .... Kamo avec inquiétude. En effet, il (ne jamais apprendre) .... à faire du vélo et c'(être) .... la première fois qu'il en (faire) .... Alors qu'il (aller) .... tout droit vers un gros rocher, il (pouvoir) .... heureusement tourner le guidon. Il se (diriger) .... vers une zone herbeuse et moussue et (tomber) .... sur un sol moins dur.

ÉTAPE 5 METTRE EN VALEUR LES QUALITÉS DU HÉROS

12. « Il est inouï, ce garçon, il sait vraiment tout faire. »

a. **Proposez un synonyme de l'adjectif souligné :** ....

b. **Proposez deux adjectifs pour qualifier le personnage de Kamo dans chaque extrait.**

- « Un cycliste était sorti de la route pour dévaler vers nous à travers champs. Il godillait entre les rochers, sautait les bosses. » → Kamo est .... et ....
- « au lieu de ralentir, il lâcha le guidon, et, au plus fort de sa vitesse, fit les gestes du vainqueur devant la foule en délire. » → Kamo est .... et ....

13. **a.** **Dans le texte, surlignez les noms et les verbes qui transforment la bicyclette de Kamo en : avion, oiseau, cheval, être humain.**

b. **À votre tour, écrivez une ou deux phrases pour donner vie à un objet de votre choix : trottinette, skate-board, surf, voilier, avion, moto, voiture, vaisseau spatial, etc.**

....

....

14. Observez ces deux couvertures. Laquelle correspond le mieux à ce qu'un lecteur attend d'un récit d'aventures, selon vous ? Expliquez votre réponse : ....

....

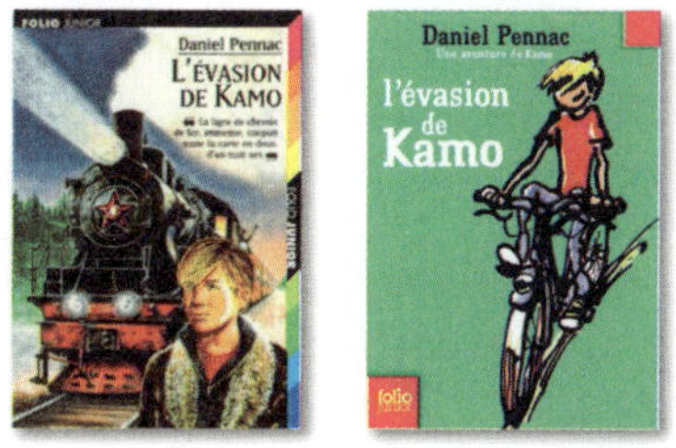

ÉTAPE 6 PRÉPARER L'ÉCRITURE D'UNE PÉRIPÉTIE

À l'aide des activités précédentes, vous allez écrire une péripétie de récit d'aventures. Vous pouvez répondre à ces questions pour trouver de l'inspiration.

15. **Qui sera le héros ou l'héroïne de cette aventure ?**

☐ Un collégien ou une collégienne qui pourrait être vous. ☐ Un voyageur ou une voyageuse.
☐ Un(e) étudiant(e) adepte des nouvelles technologies. ☐ Autre : ....

16. **Où et quand se déroule cette aventure ?**

☐ dans le passé ☐ dans le futur ☐ aujourd'hui
☐ dans une contrée lointaine ☐ sur une planète inconnue ☐ à la frontière entre deux pays ennemis ☐ dans une grande ville ☐ autre : ....

17. **Le personnage est :**

☐ seul ☐ avec un ami ☐ avec un chien ☐ avec un cheval ☐ Autre : ....

18. **Comme Kamo, se sert-il d'un objet ?** ☐ Oui ☐ Non Si oui, lequel ? ....

19. **Quels temps allez-vous utiliser pour :**

a. **mettre en place les éléments du cadre de cette aventure ?** ....

b. **raconter les actions qui durent ?** ....

c. **mettre en valeur les actions vives et ponctuelles ?** ....

ÉTAPE 7 ÉCRIRE UNE PÉRIPÉTIE D'UN RÉCIT D'AVENTURES

BILAN *Écrire une péripétie d'un roman d'aventures*

J'ai appris : ....
....
....
....

J'ai bien aimé : ....
....
....
....

Je maîtrise : ....
....
....
....

J'ai encore du mal à : ....
....
....
....

Crédits des textes

P. 41 : © Éditions Gallimard, 1964. **P. 46** : © Éditions Pastorelly, 1957. **P. 60** : © Éditions Nathan, 2007. **P. 64** : © Éditions Seghers, 1951. **P. 68, 83** : © Éditions Gallimard, 1975. **P. 68** : © Éditions Gallimard, 1987. **P. 69** : © Éditions Gallimard, 1978. **P. 70** : © Éditions Gallimard, trad. J.-F. Ménard, 2000. **P. 77** : © Éditions Gallimard, 1971. **P. 95, 97** : © Éditions Stock, 2001. **P. 98** : © Éditions Gallimard, 1942. **P. 123** : © Éditions Gallimard, trad. A. Lévy, 1991. **P. 124** : © Éditions Gallimard, 1992.

Crédits iconographiques

P. 6 : © avtor painter/Shutterstock. **P. 10** : © Tartila/Adobe Stock. **P. 12 h, 33** : © delcarmat/Shutterstock. **P. 12 b** : © MaryCo/Shutterstock. **P. 14 g** : © IfH/Shutterstock. **P. 14 m** : © Eduard Radu/Shutterstock. **P. 14 d** : © AnnstasAg/Shutterstock. **P. 15** : © YUBAS/Shutterstock. **P. 16** : © Walnut Bird/Shutterstock. **P. 18 d** : © GarikProst/Shutterstock. **P. 18 g** : © AlexanderZam/Shutterstock. **P. 19 h** : © Magdalena Adrian/Adobe Stock. **P. 19 b** : © thruer/Adobe Stock. **P. 20** : © sbellott/Shutterstock. **P. 22** : © Studio_G/Shutterstock. **P. 24** : © BIS/Ph.Archives Larbor. **P. 25** : © vlastas/Shutterstock. **P. 27** : © absent84/Adobe Stock. **P. 29** : © BIS/Ph.Coll. Archives Larbor. **P. 31** : © Tartila/Shutterstock. **P. 32** : © Alexander_P/Shutterstock. **P. 35** : © JFL Photography/Adobe Stock. **P. 37** : © Médiathèque de Moulins Communauté, MS-1, f.004v. **P. 38** : © dedMazay/Shutterstock. **P. 39** : © Iuliia Saenkova /Shutterstock. **P. 42** : trad. A. Galland, 1704-1717. **P. 43** : © BRIDGEMAN IMAGES. **P. 44** : © Droits réservés. **P. 47** : © ColorfuelStudio/Adobe Stock. **P. 48** : © Hennadii/Adobe Stock. **P. 49 h** : BIS/Ph. © British Museum – Archives Larbor. **P. 49 b** : © ermantutan/Adobe Stock. **P. 50 h d** : © elenamedvedeva/Adobe Stock. **P. 50 h g, 60** : © Hennadii H/Shutterstock. **P. 50 b** : © Galactica/Adobe Stock. **P. 52** : © Aleh Varanishcha/Adobe Stock. **P. 53** : © sudowoodo/Adobe Stock. **P. 54** : © BIS/© Archives Nathan. **P. 55, 99** : © lady-luck/Shutterstock. **P. 57** : © Fitchburg Art Museum. **P. 59 g** : © Alfazet Chronicles/Shutterstock. **P. 59 d** : © Ira Yapanda/Shutterstock. **P. 61** : © lightzaber/Shutterstock. **P. 70 h** : © Eakdesign/Shutterstock. **P. 73** : © Pushkin/Shutterstock. **P. 74** : © cheo/Adobe Stock. **P. 76** : © Teguh Mujiono/Shutterstock. **P. 77 h** : © migfoto/Adobe Stock. **P. 77 b** : © Nina/Adobe Stock. **P. 81** : © ensiferum/Shutterstock. **P. 82** : © Yauhen Paleski/Shutterstock. **P. 95** : © NotionPic/Shutterstock. **P. 97** : © MarijaPiliponyte/Shutterstock. **P. 100** : © maryna rodyvkova/Shutterstock. **P. 101** : © vectorpouch/Adobe Stock. **P. 103** : © Separisa/Shutterstock. **P. 107** : © bobmandraw/Adobe Stock. **P. 109** : © lisitsa_/Adobe Stock. **P. 111** : © Inspiring/Shutterstock. **P. 113** : © MaryCo/Shutterstock. **P. 115** : BIS/Ph.Jeanbor © Archives Larbor. **P. 119** : © revidevi/Shutterstock. **P. 121** : © Morphart Creation/Shutterstock. **P. 127** : © Gallimard.

Achevé d'imprimer en Italie en août 2023 par Grafica Veneta
N° éditeur : 10294091 - Dépôt legal : mai 2020